Adoração verdadeira,
falsa adoração

Roberto Matheus da Costa

Adoração verdadeira,

falsa adoração

1ª Edição

Veredas Antigas

2017

Título da obra: Adoração verdadeira, falsa adoração
Copyright © da edição: Veredas Antigas
Direitos reservados

Capa: Marcelo dos Santos Andrade
Diagramação: Bruna Lazari
Revisão: Sara S. Ramada (da 2ª impressão)
Edição: Veredas Antigas
Impressão: Kindle Direct Publishing

Dados Internacionais de Catalogação na Publicação (CIP)

C837a

Costa, R. M.
    Adoração verdadeira, falsa adoração / Roberto Matheus
da Costa. 1ª Ed. – Baixo Guandu-ES: Veredas Antigas, 2017
125p.

ISBN 978-85-93773-01-3

1. Religião. 2. Cristianismo. 3. Polêmicas. 4. Veneração.
Culto. Rituais e Cerimônias. I. Título.

CDD – 239
CDU – 2-5

Os textos bíblicos utilizados são da versão de Almeida Corrigida Fiel.
Os demais são identificados ao fim das passagens.

Obra Registrada na Biblioteca Nacional. Av. Rio Branco, 219
Centro, Rio de Janeiro – RJ. CEP 20040-009

Sumário

Introdução

"Eu adoro essa fruta!" "Eu adoro esse carro!" "Eu adoro esse programa!" "Adoro essa música!" A lista de coisas "adoradas" é bem vasta. Vez ou outra escuto frases desse tipo por aí, e você? Seriam todas essas coisas de nossa preferência realmente dignas de adoração? Com certeza não. Mas, espere um instante! Não mesmo?

Para alguns realmente não, pois sabem que podemos no mínimo gostar dessas coisas, e não adorá-las como muitas vezes dizemos com a boca cheia de satisfação e os olhos cheios de desejo.

Adoração. Sabe o que é isso? Ou diz em relação às suas preferências sem dar muita importância ao significado da palavra? Podemos realmente adorar coisas que gostamos muito? Ou adoração é um termo mais sério aplicado apenas à divindade?

As implicações desse verbo são muito mais profundas do que geralmente se pensa e se usa no vocabulário do dia a dia. Quem estamos realmente adorando? Quem ou o que merece e de fato recebe nossos mais devotados préstimos?

Através deste livro quero propor uma reflexão sobre os tipos de adoração que se pratica hoje em dia. Muitos que alegam estar inclusive adorando de forma correta podem estar equivocados.

Não quero me colocar como juiz de ninguém, para apontar esse ou aquele que está perdido por adorar de forma errada, ou adorar algo errado, ou um ser que nem conhece. Quero apenas levar-lhe a uma reflexão sobre isso. Portanto, esse livro não é um fim em si mesmo, mas apenas uma ferramenta para ajudar a adorar com sabedoria.

Introdução

É algo latente no íntimo do ser humano o sentimento de devoção. Esse sentimento é canalizado para as mais diversas direções, levando o adorador a, em certo grau, se entregar em uma determinada devoção.

A devoção de alguns é pelo futebol, a de outros é para o corpo, o culto ao corpo. A devoção de outros pode ser ao dinheiro, o culto a Mamon (Mt 6:24; Lc 16:13). A devoção aos espíritos, o culto aos orixás, aos filhos(as), porque não dizer a esses seres, que ganham muitas vezes dimensões gigantescas na estima paterna ou materna.

A lista pode ser infinita e até mesmo bizarra. Certa vez assisti uma reportagem sobre uma seita que cultuava a vagina, isso mesmo, uma seita com participantes que se reuniam em bosques e com rituais em círculos, cultuavam em ritual coletivo e místico a vagina.

Talvez você pode estar surpreso, mas isso e muitos outros comportamentos, desde os mais casuais e aleatórios como a forma como nos comportamos em relação a um filho ou outra pessoa qualquer, e também situações menos comuns à nossa percepção como rituais com prostituição cultual são mais antigos do que imaginamos.

Até o órgão sexual masculino tem o seu festival de culto com direito à procissão onde esculturas as mais variadas do membro fálico são exibidas em enormes cortejos.

Isso pode soar ofensivo ou até mesmo cômico a algumas pessoas mas, formas de culto e adoração são os costumes mais primitivos e variados na existência humana.

O objetivo desse livro não é se aprofundar nessas questões, mas apresentar dentro do relato bíblico a existência e diferença entre a verdadeira e a falsa adoração. Será que o Deus de amor e o Deus que é amor aceita qualquer forma de adoração? É sobre isso que vamos refletir.

Capítulo 1

O altar e seu conteúdo

"O que importa é o seu coração." Essa é a frase que muitas pessoas declaram em justificativa ao seu modo de adorar a Deus. Estaria essa frase cem por cento correta?

Pois bem, a Bíblia afirma que o coração do homem não é confiável, pois ele é corrupto e enganoso (Jr 17:9), como então pautarmos a adoração verdadeira baseados em nosso coração, ou em onde nos sentimos bem, ou no famoso "eu acho"?

Precisamos entender que o nosso coração é sim muito importante pra Deus, pois Ele mesmo nos diz: *"Dá-me filho meu o teu coração..."* No entanto, não é só isso que Ele pede nesse texto bíblico, em seguida Ele diz: *"... e os teus olhos observem os meus caminhos."* (Pv 23:26). O que é observar os caminhos do Senhor?

Nas primeiras páginas sagradas lemos uma história que ilustra muito bem o que significa observar os caminhos do Senhor. É a história de Caim e Abel, os dois primeiros filhos de Adão e Eva.

A Bíblia nos conta que Deus se agradou da oferta de Abel, mas da oferta de seu irmão mais velho, Caim, Deus não se agradou. Talvez muitos pensem: por que Deus aceitou um e não o outro? O que importa não é o coração?

Lembre-se: Deus quer o nosso coração e que observemos os seus caminhos. Isso significa que ao darmos nosso coração a Deus não o manteremos para nós mesmos, ou seja, nossa vontade e o que nós preferimos não terá supremacia. Observaremos os caminhos do Senhor e não os nossos próprios caminhos, ou seja, andaremos nos caminhos que Deus quer que andemos e não nos caminhos que preferimos.

Caim ofereceu o que mais apreciava: os frutos da terra. Talvez quem sabe ele tivesse enormes e plausíveis justificativas para não oferecer uma ovelhinha inocente. Talvez ele pudesse pensar: "Como é cruel tirar a vida desse indefeso animalzinho."

Mas a morte daquele animalzinho representava o sacrifício que o Filho de Deus se submeteria para salvar a raça humana da perdição eterna. Hoje em dia muitas pessoas podem apresentar justificativas humanamente plausíveis para defender sua forma de adorar a Deus. Mas a grande questão é: Deus aceita?

O que estou colocando no altar? Essa é a grande pergunta que devemos fazer a nós mesmos. Estou colocando o que Deus aceita ou o que eu escolho?

Precisamos sempre nos fazer essas perguntas, pois em uma época de relatividade como a que vivemos, onde as pessoas costumam dizer: "Há, não precisamos ser assim tão radicais! Deus não é assim tão severo, Deus é amor." Muitas vezes estamos esculpindo um "deus" de acordo com nossas próprias preferências, e não adorando um Deus supremo, que está acima das nossas vontades.

Mas o que você põe sobre o altar não tem nada a ver com dinheiro, é muito mais que isso. Hoje vivemos sob a influência da teologia da prosperidade, onde prospera mais os pastores do que as ovelhas, onde as ovelhas são extorquidas em sua lã e a gordura, deixando-as quase a morrer à mingua, enquanto os pastores estão engordando às custas delas (Ez 34:2-3).

Essa frase pode ser mal utilizada pelos teólogos da prosperidade, e deturpada da seguinte forma: "Coloque tudo sobre o altar que Deus vai te dar em dobro." Mas a grande questão é: qual altar?

Não estamos aqui falando do altar da denominação A, B ou C. Não, o altar é invisível. Não é a plataforma de um templo físico, não é um altar de pedras como os da era patriarcal, pois esse já foi abolido com o sacrifício do Filho de Deus na cruz do calvário. Estamos falando do altar da vontade de Deus, daquilo que Lhe é aceitável.

O problema é que nem sempre estamos dispostos a colocar no altar aquilo que Deus pede. Para a conveniência humana é mais cômodo entregar coisas aparentemente mais coerentes. É ou não é verdade?

Qual de nós, na lógica humana, preferiríamos ofertar o assassinato de uma inocente ovelhinha, a uma bela e suculenta cesta de frutas grandes e brilhantes?

Essa história se repete em nossos dias com uma semelhança incrível! Muitos hoje em dia estão oferecendo a Deus coisas que aparentemente são as melhores, mas que não são aquelas que agradam a Deus. E muitos que estão oferecendo a Deus o que lhe agrada, caem no desagrado dos "irmãos" que fazem o oposto.

Caim e Abel eram irmãos de sangue. Mas hoje, alguns aparentes irmãos de fé estão em direções opostas no que diz respeito ao exercício da fé religiosa.

Quem está com a razão? Essa é uma pergunta intrigante e desafiadora. Muitos acreditam que todos os caminhos levam até a Deus, assim como todos os caminhos levavam até Roma. Seria esse pensamento correto? Pela história de Caim e Abel podemos saber que não, e também por outras histórias que veremos adiante.

Se um irmão age de uma forma, e o outro age de outra, e ambos alegam estar fazendo a vontade de Deus, quem realmente está com a razão?

A Bíblia, creio eu, pode nos ajudar nesse sentido, não somente com suas histórias, como a de Caim e Abel, como também com suas regras de conduta, praticadas por pessoas reais.

Mas também podemos aprender com aqueles que desobedeceram, para não seguirmos seu exemplo e sofrer as mesmas consequências que os atingiram. Seja como for, no fim, a escolha sempre será nossa.

Capítulo 2

Quando a rotina é fatal

Imagine uma vida de sacrifícios. Talvez pensou em uma pessoa que passou por muitas dificuldades, mas não! Não é isso que quero que imagine. Pense em uma pessoa que por onde passava deixava indícios dos sacrifícios que fazia, altares, construídos com pedras, umas em cima das outras.

Abel não foi o único que adorava a Deus oferecendo ovelhas em holocausto. Abraão também era um homem temente a Deus que o adorava seguindo a maneira especificada por Deus para adorá-Lo e não a sua própria.

Ele era tão fiel a Deus e tão metódico quanto a esse costume, que sempre em sua jornada erigia um altar para adorar e oferecer holocaustos ao seu Deus, onde quer que acampasse como nômade.

E aqui temos uma lição importante a aprender: precisamos criar bons hábitos de adoração. Fazer o que Deus de nós requer, mesmo que isso precise ser feito constantemente. Onde quer que formos.

Mas, e quando a rotina se torna perigosa? Quando ela perde o sentido. Quando fazemos apenas por fazer, quando cumprimos apenas uma formalidade. Nesses casos precisamos ficar atentos e fazer uma autoanálise para ver se estamos na fé (2 Co 13:5).

Adorar a Deus pura e simplesmente por costume, como muitos fazem, não é uma adoração verdadeira, mas apenas uma adoração rotineira. Uma adoração rotineira pode ser verdadeira quando é feita de forma repetitiva, mas de coração.

No entanto, quando é feita apenas mecanicamente, sem ser de corpo e alma, ela se torna perigosa, pois mantêm o adorador num estado de insensibilidade, de fazer por fazer, e não de fazer por amor.

E isso aos olhos de Deus é o mesmo que nada.

Um grande profeta de Deus protestou contra essa atitude nos seguintes termos:

"*Porque o* S*enhor* *disse: Pois que este povo se aproxima de mim, e com a sua boca, e com os seus lábios me honra, mas o seu coração se afasta para longe de mim e o seu temor para comigo consiste só em mandamentos de homens, em que foi instruído.*" Isaías 29:13.

Essa atitude é tão perigosa que Jesus percebeu que o mesmo acontecia com os religiosos de sua época e usou o texto de Isaías para repreendê-los de igual forma:

"*Hipócritas, bem profetizou Isaías a vosso respeito, dizendo: Este povo se aproxima de mim com a sua boca e me honra com os seus lábios, mas o seu coração está longe de mim.*"

"*Mas, em vão me adoram, ensinando doutrinas que são preceitos dos homens.*" Mateus 15:7-9.

Você pode estar nessa situação sem ao menos se dar conta, sabia? Pense em tudo que aprendeu como sendo o correto a se fazer. Já pensou que tudo isso pode não passar de coisas que aprendeu automaticamente? É um problema complexo por dois motivos. Você pode estar praticando o correto, de forma puramente rotineira, ou o errado, também de forma rotineira.

Mas talvez isso não te incomode, pois pensa que Deus te aceita mesmo assim. Lembre-se do que vimos no início: Deus quer não somente nosso coração, mas que nossos olhos observem os seus caminhos (Pv 23:26). Abraão conhecia e observava os caminhos de Deus. No entanto, até mesmo Abraão foi provado em sua rotina de adorador, pois certo dia Deus lhe pediu algo totalmente fora de sua rotina. Muito mais que isso, Deus lhe pediu uma coisa totalmente absurda, sacrificar seu próprio filho (Gên. 22:2).

Você já imaginou se um dia Deus lhe pedisse algo que foge aos seus padrões do que acredita ser uma adoração verdadeira? Talvez pense que o que Deus lhe pede pode ser uma falsa adoração, algo totalmente absurdo, assim como foi para Abraão, mas, estaria você disposto a fazer mesmo assim?

Se você é cristão, com certo conhecimento bíblico, sabe que Abraão obedeceu, e sabe também quais foram as consequências. No entanto, se não conhece a história, eu lhe digo que isso foi um teste ao qual Deus submeteu Abraão, para ver se ele amava mais a seu filho, o filho de sua velhice, o único filho, do que a Deus (Gên. 22:12).

E nós? A quem amamos mais? Nossa mãe? Pai? Filho? Filha? Cônjuge? Algumas dessas pessoas, ou alguma posse está ocupando o lugar que Deus deveria ocupar em nosso coração? Entende agora porque adoração vai muito mais além de rotinas religiosas? Adoração afeta todos os aspectos da vida. E podemos incorrer no erro de achar que estamos adorando a Deus verdadeiramente quando podemos não estar passando de meros cumpridores de ritos religiosos.

O que faria se Deus pedisse algo que foge aos ritos que estou acostumado? Essa é a séria pergunta que todos deveríamos fazer em um momento ou outro de nossa vida. Talvez este livro nos levará a responder de uma forma ou de outra essa questão. E espero que leve a uma resposta satisfatória, mesmo que contrarie alguns padrões. A grande verdade é que para adorar a Deus é preciso estar disposto a fazer o que Ele pede de nós, mesmo que isso pareça estranho a nossos olhos e aos olhos de toda a sociedade em que vivemos.

Imagine se Deus lhe pedisse para rever os seus conceitos sobre o que é ser um verdadeiro adorador. Será que o que Ele quer de você é o que o seu líder religioso quer de você? Será que adorá-lo é seguir uma cartilha religiosa conforme a denominação a qual você é membro? Porque o mesmo Deus que pediu a Abraão para fazer sacrifícios de ovelhas disse para outras pessoas, em outras circunstâncias: *"Porque eu quero a misericórdia, e não o sacrifício; e o conhecimento de Deus, mais do que os holocaustos."* Oséias 6:6.

Certas vezes Deus nos pede algo que não estamos muito dispostos a fazer. Lembra-se de Caim? Que mal havia em oferecer uma bela cesta de frutas? Talvez algo que seja bom a seus olhos não é exatamente aquilo que Deus está pedindo, não que seja totalmente ruim ou descartável.

Deus não havia pedido holocaustos? Por que depois Ele disse que queria misericórdia e não holocaustos? Você pode ser tentado a pensar: será que Deus não sabe o que quer? Não, Deus sabe exatamente o que quer e nos dá instruções bem claras sobre isso.

O problema é quando fazemos o que Deus quer pelos motivos errados, com intenções erradas, e fazemos pela metade, de forma incompleta e meramente casual. De que adianta fazer sacrifícios a Deus sem misericórdia pelo semelhante? De que adianta frequentar os cultos religiosos sem amar e ajudar quem de nós necessita?

Percebe que adoração pode ser apenas uma aparência de piedade, mas a negação do poder da piedade prática (2 Tim. 3:5), a piedade que opera transformações? Por isso, no dia do acerto de contas, Jesus dirá a muitos que pareciam ser verdadeiros adoradores:

"Nem todo o que me diz: Senhor, Senhor! entrará no reino dos céus, mas aquele que faz a vontade de meu Pai, que está nos céus. Muitos me dirão naquele dia: Senhor, Senhor, não profetizamos nós em teu nome? e em teu nome não expulsamos demônios? e em teu nome não fizemos muitas maravilhas? E então lhes direi abertamente: Nunca vos conheci; apartai-vos de mim, vós que praticais a iniquidade." Mateus 7:21-23.

Espero que nem eu nem você que me lê ou ouve nesse instante esteja entre esses. Mas, como vimos, não serão poucos, mas muitos os que irão passar por essa dolorosa decepção. Mais uma vez percebemos, pelas páginas sagradas, e pelas instruções do nosso Salvador, que não basta apenas pertencer a uma religião que toma o nome do Senhor nos lábios e o profere em alto e bom som, não basta realizar coisas aparentemente pelo poder de Cristo e em seu nome. Adoração verdadeira vai muito além disso, como temos visto e continuaremos vendo nas próximas páginas.

Capítulo 3

Mudanças para o bem e para o mal

"Eu determino que essa doença saia de você agora em nome de Jesus!" Você já ouviu frases como essa? Talvez, quem sabe, até mesmo as proferiu com certo sucesso, ou seja, levando a pessoa a ficar curada ou outra coisa qualquer que tenha pedido na sua oração. O fato de isso ter acontecido não significa que você está praticando a adoração verdadeira, ou, mesmo que esteja, que irá continuar por muito tempo.

Vou explicar o porquê. Na Bíblia encontramos uma história de um rei que tentou implementar em seu reinado um falso sistema de adoração para competir com o verdadeiro de um rei rival (1 Reis 12:26-33).

Essa história se repete hoje todas as vezes que se abrem novas denominações religiosas com o intuito de atrair para si os "fiéis", congregados em seus domínios.

Quando o rei de nossa história, Jeroboão, mandou fabricar dois bezerros de ouro e colocou em duas cidades diferentes em seu território, ele tinha o intuito de fazer com que o povo não fosse mais à Jerusalém, para adorar no Templo.

Ele tinha medo de que o povo se tornasse vassalo novamente do outro rei, por isso induziu o povo a adorar aqueles bezerros de ouro argumentando com eles que seria muito trabalhoso ter que subir à Jerusalém para as festas de adoração anuais.

Nos dias de hoje o que se passa? Muitos são os argumentos usados para a prática do proselitismo. Muitos dizem: "Venha para nossa igreja, Deus está aqui, Deus atua em nosso meio, Deus faz maravilhas aqui." E a lista de motivos para que alguém comece a frequentar aquela denominação é enorme.

A tática de Jeroboão funcionou em seu tempo, e continua funcionando nos dias de hoje. Mas a pergunta é: até quando? Até quando os métodos que se usa para lotar os templos modernos continuarão tendo êxito?

Hoje em dia as modernas denominações religiosas têm gozado de certo prestígio. É difícil ver alguma igreja falir, não é mesmo? É praticamente impossível. Cada uma tem se mantido funcionando, mas que tipo de adoração tem ensinado e praticado?

O sucesso de Jeroboão foi bem mais curto do que o das religiões modernas, pois Deus enviou um homem para frustrar suas esperanças de instituir seu falso culto (1 Reis 13:1-10).

A história nos conta que esse homem, encarregado de repreender o rei Jeroboão, chegou em uma daquelas cidades onde estava um daqueles bezerros de ouro, e clamou contra o altar no qual o rei queimaria incenso, proferindo condenação e destruição contra aquele altar e todos os sacerdotes falsos que surgiriam após aqueles que estavam iniciando um falso sistema de adoração.

Uau! Que coragem! Já pensou? Um homem enviado por Deus falar duras palavras de condenação e destruição contra aquele falso sistema de adoração na frente do próprio rei que o instituíra. É preciso muita coragem para isso, não é mesmo?

Aquele homem, enviado por Deus, teve essa coragem. Você teria hoje coragem de denunciar um falso sistema de adoração, mesmo que fosse necessário fazer isso na presença de reis e autoridades? Sabemos que a Bíblia nos orienta a respeitar as autoridades instituídas (Romanos 13:1), mas ela também nos orienta a obedecer antes a Deus do que aos homens (Atos 5:29). Quando o que as autoridades nos pedem está entrando em choque direto contra o que Deus nos pede, precisamos fazer uma escolha corajosa, mesmo em risco das consequências.

O homem de nossa história foi corajoso, e em um momento ou outro também precisamos, em certo grau, ser corajosos e nos posicionarmos perante os tipos de adoração que se tem praticado em nossos dias, a despeito das dificuldades pela frente.

Talvez você pense: mas que ideia mais absurda, adorar bezerros de ouro? O povo hebreu, recém liberto da escravidão egípcia, também havia sucumbido ante essa adoração falsa, e em um dos momentos mais importantes: a entrega dos dez mandamentos. Por essas ocorrências percebemos que naquele tempo a adoração de bezerros de ouro era uma tradição e mesmo uma forma de adoração bem comum, a ponto de leva-los a cederem à esse tipo de culto.

Hoje vivemos em tempos diferentes, ninguém em sã consciência vai se deixar levar por esse falso sistema de adoração. Mas nem por isso estamos imunes a outros sistemas de culto que também são errados.

O homem que Deus enviou para repreender e condenar o falso sistema de adoração imposto pelo rei Jeroboão não teve vida fácil em sua missão. Quando ele protestou contra o altar e, pelo poder de Deus dado àquele homem, o altar se partiu ao meio, o rei ordenou que ele fosse preso.

O que você faria se alguma autoridade ordenasse sua prisão por cumprir a ordem de Deus de condenar a falsa adoração?

Será que você teria a confiança que o homem de nossa história teve? Nessa ocasião ele não foi preso, mas como sabemos outros homens de Deus foram presos (Atos 16:19-25; Atos 12:1-11; Apocalipse 2:10) e até mesmo mortos (Mateus 14:10; Atos 12: 1-2; 7:54-60) por cumprir a ordem divina proclamando a verdade de Deus e/ou condenar a falsa adoração praticada em sua época.

Mas o homem de Deus dessa história não foi morto pelo rei. Pelo contrário, quando o rei estendeu o braço apontando para ele, para que o prendessem, Deus fez com que o braço do rei ficasse duro como uma pedra, sem poder se abaixar. Isso nos indica que aquele homem realmente era um servo de Deus, pois todos esses sinais miraculosos aconteceram em sua presença.

Mas não é somente isso que nos sugere essa história. Nela vemos que o mesmo Deus que cura é o Deus que debilita. Não que todas as doenças e incapacidades físicas aconteçam porque Deus quer, pois sabemos que existe um inimigo que promove as moléstias físicas, mentais e espirituais que existem. No entanto, o diabo não pode provocar males além da permissão de Deus (Jó 2:1-10). Temos um inimigo limitado, por mais que queira nosso mal (1 Pedro 5:8).

Quando aquele homem de Deus transmitiu as profecias contra aquele altar e contra toda uma geração de falsos adoradores, nem o rei e nem ninguém ali pôde fazer nada contra ele. Pelo contrário, o homem de Deus que, pelo poder divino, destruiu o altar apenas com uma ordem verbal, endurecendo o braço do vil e idólatra rei.

Vendo que não podia fazer nada contra aquele homem, e presenciando as miraculosas manifestações de poder que acompanhavam suas palavras, o rei Jeroboão, então, aterrorizado e impotente pediu ao homem que suplicasse a Deus pela restituição de seu braço, o que aconteceu após a oração do homem enviado por Deus.

Isso nos mostra que Deus não é só justiça, mas também misericórdia. Porém, há outra lição que precisamos tirar dessa história. Todos aqueles que estão instituindo um falso sistema de adoração, um dia serão punidos por Deus e sem esperança de restauração, não somente no braço. Talvez você fique preocupado com isso, mas espero que até o fim da leitura entenda o que afirmo, pois isso é muito importante.

Se nossa história parasse por aqui seria muito bom não é mesmo? Talvez quem sabe com a conversão do rei, adorando o Deus verdadeiro, talvez quem sabe com a destruição dos bezerros de ouro e a extinção da idolatria em Israel. Mas nada disso aconteceu, nem o homem de Deus manteve a sua obediência ao que Deus havia lhe pedido. Isso serve de alerta para todos nós hoje.

O rei convidou o homem de Deus para ir à sua casa, descansar, talvez quem sabe até ser mais amigável com ele para que o que ele não conseguiu pela força, conseguisse com camaradagem, afinal de contas, muitos seguem aquele ditado com relação a um inimigo: "não pode contra ele, junte-se a ele".

O rei até mesmo queria dar um presente ao homem de Deus! Mas o homem de Deus não cedeu. Deus havia lhe pedido para não ficar na casa de ninguém naquele lugar, nem para comer ou beber com nenhum deles. Então, nosso destemido personagem, que a Bíblia não apresenta um nome, disse que nem mesmo se o rei lhe desse metade dos bens ele iria para a casa do rei, pois Deus havia lhe proibido comer e beber ali, e até mesmo voltar pelo mesmo caminho, ele deveria passar por outro caminho para ir embora. E assim ele se despediu do rei e se foi.

Porém, como sempre, se o inimigo das almas não consegue nos destruir de uma forma, ele sempre vai tentar de outra que pareça mais convincente, e foi isso que ele fez com nosso personagem sem nome, mas um destemido servo de Deus. Não se esqueçam, Deus agiu poderosamente por meio dele, se não leu, leia a história desse homem destemido (1 Reis 13:1-10).

Como o inimigo das almas levou esse homem à perdição? Usando outro homem que aparentemente falava por Deus. É isso mesmo, não muito tempo depois de toda a sua vitória sobre a tentação anterior, de resistir ao pedido do rei Jeroboão, com uma proposta tentadora de um presente, esse homem, que era um homem de Deus (1 Reis 13:1), cedeu a outro homem, que ele nem conhecia, com um pedido semelhante ao do rei, mas sem nenhuma promessa de presente.

A história toma um rumo muito trágico a partir de então (1 Reis 13:11-34), pois o homem que dissemos, que aparentemente falava por Deus, conseguiu convencer o homem de Deus a ir para sua casa comer pão, dizendo que era um profeta como ele, e que um anjo de Deus havia lhe aparecido e dito que ele poderia ir com ele.

É aqui que se esconde um grande perigo, queridos leitores, que muitos têm ignorado, assim como aquele destemido homem de Deus. Já ouviram o jargão religioso: "O Senhor me revelou..." Muitos têm caído nessa cilada, e o fim têm sido trágico, como o do homem de Deus.

Devemos pelo menos pensar: Deus é homem para que mude de ideia? (Números 23:19). No entanto alguns imaginam que Ele muda de ideia, que ele pediu uma coisa aos seus servos do passado e hoje não mais exige o mesmo. É certo que algumas coisas que Deus pediu, como o sacrifício de cordeiros ele não pede mais nos dias de hoje, mas precisamos ser muito criteriosos quanto ao que Deus realmente quer de nós como adoradores, pois podemos estar desconsiderando algo que ainda tem validade em nossos dias, mas pensamos que Deus não quer que pratiquemos mais. Falaremos disso mais adiante.

Aquele homem de Deus foi enganado acreditando que o estranho que lhe dissera que um anjo havia lhe dito que ele poderia voltar era uma pessoa digna de confiança. Quantos e quantos hoje não cometem o mesmo erro? Estão retrocedendo achando que Deus permitiu que assim o fizessem.

E agora quero aqui fazer um pedido bem franco a você, estimado leitor: não acredite no conteúdo deste livro sem pesquisar as Escrituras e orar a Deus pedindo a resposta para saber se seu conteúdo é confiável. Não quero lhe enganar, mas posso incorrer na falha de, se for prepotente e autoconfiante, errar e induzir você ao erro, e jamais gostaria que isso acontecesse.

Aquele nobre homem retrocedeu no que Deus havia lhe pedido. E nós? Temos retrocedido? Temos relaxado como aquele homem fez, descansando e achando que estava com sua missão cumprida? (1 Reis 13: 14). São perguntas que em um momento ou outro da nossa vida devemos responder.

O homem de Deus que protestara contra o altar falso parou no caminho e sentou debaixo de um carvalho. Está você sentado no banco da sua denominação religiosa achando que já está salvo? Achando que já derrotou o diabo várias vezes, que obteve muitas vitórias e agora descansa em uma falsa segurança? Cuidado, muito cuidado!

Enquanto os dois homens de Deus, dois profetas, estavam ali sentados à mesa, comendo tranquilamente, veio o juízo divino pela boca do mentiroso contra o que voltara para comer em sua casa.

O texto diz:

"Porquanto foste rebelde à ordem do Senhor, e não guardaste o mandamento que o Senhor teu Deus te mandara, antes voltaste, e comeste pão e bebeste água no lugar de que o Senhor te dissera: Não comerás pão nem beberás água; o teu cadáver não entrará no sepulcro de teus pais." 1 Reis 13:21-22.

A história conta que o profeta desobediente, depois de comer e beber, foi embora montado em seu jumento, mas um leão o encontrou no caminho e o matou, cumprindo assim a profecia do profeta velho, que Deus falara em sua boca.

Essa história é realmente intrigante e nos ensina atuais e duras lições. O profeta velho teve sua boca usada pelo diabo, o pai da mentira (João 8:44) ao mentir ao outro profeta e o induzir a voltar, mas também teve sua boca usada por Deus para profetizar a morte do homem de Deus que fora rebelde à palavra do Senhor. Essa história não é incomum na Bíblia. Balaão foi outro profeta que pronunciou bênçãos da parte de Deus (Números 22-24), mas também deu conselhos depravados para destruição do povo que Deus abençoara usando sua boca (Números 31:16; 2 Pedro 2:14-16; Apoc. 2:14).

Hoje, não é difícil acontecer o mesmo, pois muitos homens estão servindo a Deus com coração dividido, amando mais seu próprio apetite, tendo por deus o estômago (Filipenses 3:19), amando a comodidade e satisfação pessoal, assim como aquele homem de Deus que voltou para comer pão na casa do profeta velho.

Talvez você possa pensar: que mal existe em comer pão? Que mal existe em descansar um pouquinho, em relaxar? Cuidado com a zona de conforto, ela é mais perigosa do que imaginamos, aquele sentimento de que *"sou rico e abastado e não preciso de mais nada..."* (Ap 3:17) é traiçoeiro e fatal.

O sentimento de uma vez salvo, salvo para sempre tem levado muitos supostos cristãos a se acharem garantidos na eternidade, da mesma forma que aquele homem de Deus se achou com a missão cumprida.

Quando voltamos ao início da história ficamos surpresos que o ímpio e idólatra rei não morreu pelos seus pecados, mas o homem de Deus que o repreendeu morreu por algo aparentemente menos ofensivo. Como entender essas coisas? Todos seremos julgados de acordo com nossas responsabilidades e conforme o grau de exposição e influência de nossas ações perante os outros.

Imagine o rei Jeroboão dizendo para o profeta: na minha casa você não comeu não né? Mas na do profeta velho você comeu! Você não disse que Deus não permitiu que você comesse nem bebesse nada por aqui? Por que na casa dele você aceitou ir?

Parece até uma argumentação infantil não é mesmo? Apenas isso causou a morte de um destemido homem de Deus? A questão é bem mais profunda, o que causou a morte do homem de Deus foi sua desobediência à palavra do SENHOR. Porque Adão e Eva foram expulsos do paraíso e passaram a estar sujeitos à morte? Simplesmente porque comeram algumas frutas? Não, porque desobedeceram à Deus. E Deus avisou a ambos: Adão e Eva, assim como ao profeta.

Saiba que Deus não punirá ninguém sem antes ter avisado plenamente qual é a sua vontade e qual o caminho da vida. O evangelho que enaltece apenas o amor de Deus e não a sua justiça é um evangelho manco, deficiente, falso. Não creia em homens que podem até falar a verdade algumas vezes, falar palavras que te farão chorar de emoção, aparentemente te levar para perto de Deus, mas que vão misturar mentiras disfarçadas para te fazer retroceder, assim como o profeta velho.

Já ouviu o ditado: "fulano é macaco velho." O mundo está cheio de "profetas velhos", e porque não dizer "profetisas velhas" pessoas preparadas para ludibriar, arrancar não somente seu dinheiro, mas também sua vida, sua vida eterna. Não cai nessa, nem se você ouvir coisas fortemente convincentes com o rótulo: "o SENHOR me revelou...".

Aquele homem de Deus que profetizou contra Jeroboão e os altares falsos passou no primeiro teste, mas foi reprovado no segundo. E você? E eu? Como temos nos comportado nos testes da vida? Teríamos comemorado a vitória antes do final da jornada? Estamos descansando antes de terminar o percurso. Ou estamos alheios a tudo achando que a vitória já está ganha?

Veja esse oportuno alerta da parte do SENHOR, que nos diz:

"Quando profeta ou sonhador de sonhos se levantar no meio de ti, e te der um sinal ou prodígio, e suceder o tal sinal ou prodígio, de que te houver falado, dizendo: Vamos após outros deuses, que não conheceste, e sirvamo-los; não ouvirás as palavras daquele profeta ou sonhador de sonhos; porquanto o SENHOR vosso Deus vos prova, para saber se amais o Senhor vosso Deus com todo o vosso coração, e com toda a vossa alma. Após o SENHOR vosso Deus andareis, e a ele temereis, e os seus mandamentos guardareis, e a sua voz ouvireis, e a ele servireis, e a ele vos achegareis." Deut. 13:1-4.

Muitos em nosso tempo tem sido desencaminhados por "profetas velhos" para desobedecer aos mandamentos de Deus e seguir "deuses" que não deveriam. E por quê? Porque não buscam por si mesmos saber a vontade de Deus por meio de sua Palavra, mas dependem de "profetas velhos" quanto ao que pensam ser a vontade de Deus.

Não posso afirmar que o profeta velho morreu perdido ao chegar ao fim da sua vida, assim como também não posso afirmar que o profeta que lhe deu ouvidos também se perdeu. O juízo a Deus pertence. Mas uma coisa nós precisamos saber, e se já sabemos, refletir mais e mais: não é nada animador morrer em desobediência à palavra Deus.

Jeroboão não se preocupava com isso. Após ouvir terríveis profecias, testemunhar o falso altar se fender e suas cinzas caírem pelo chão, sentir na pele a punição divina com seu braço endurecido, e ver que o mesmo Deus pode curar, mesmo depois de todas essas manifestações ele não se arrependeu. Continuou com seu falso sistema de adoração. E você? Continuaria se descobrisse que seu sistema de adoração é falso e está com os dias contados? Espero que até o final dessa leitura você saiba o que responder para si mesmo, e que a resposta seja a melhor possível para si próprio.

O certo é que os perdidos também não vão se arrepender quando estiverem recebendo suas duras punições, assim como Jeroboão não se arrependeu após ser repreendido e punido (Apoc. 9:21; 16: 9 e 11). A história do rei Jeroboão continuou da forma depravada e idólatra como começara. Ele constituía a quem queria como sacerdote do seu falso sistema de adoração (2 Crônicas 11:14-15). Apesar do seu falso sistema de culto ter se perpetuado por muitos anos, isso foi a causa da total extinção de sua descendência da face da terra (1 Reis 13:33-34).

Capítulo 4

O desafio no Carmelo

Após a divisão do reino entre Judá (Roboão) e Israel (Jeroboão) as coisas não melhoraram na adoração em Israel. A história na qual refletimos no capítulo anterior foi um marco na divisão do reino. Como vimos, a adoração em Israel foi de mal a pior por influência de seu primeiro rei, Jeroboão.

No entanto, a culpa pelo abandono do verdadeiro Deus entre os israelitas não recai somente sobre os ombros desse rei apóstata. Seus sucessores seguiram seu exemplo e na história de seus reinados, o nome de Jeroboão se torna uma espécie de paradigma para descrever a forma perversa com que reinaram.

De Nadabe é dito que andou nos caminhos de seu pai (Jero- boão), e não nos caminhos do Senhor (1 Reis 15:25-26). De Baasa é dito que andou nos caminhos de Jeroboão, fazendo o que parecia mal aos olhos do Senhor (1 Reis 15:33-34). O outro rei após ele, Elá, filho de Baasa, seguiu o exemplo de seu pai, e deles é dito que irritaram o Senhor Deus de Israel (1 Reis 16:8 e 13). Zinrí, servo de Elá, acabou reinando em seu lugar, pois conspirou contra ele e o matou, bem como a toda a descendência de Baasa, em cumprimento a uma profecia (1 Reis 16:11-12).

No entanto, Zinrí não fez melhor que esses ímpios reis, seus antecessores, pelo contrário. Nos poucos dias que reinou, sete dias (1 Reis 16:15), teve tempo suficiente para ser-lhe reputado a mesma impiedade dos anteriores, e dele também é dito que andou no caminho de Jeroboão, fazendo o que parecia mal aos olhos do Senhor (1 Reis 16:18-19).

Onrí, que disputou com Tibní pelo reino de Israel após a morte de Zinrí, foi o vencedor e começou a reinar. Dele é dito que fez pior do que todos que foram antes dele, mas também é dito que andou nos caminhos de Jeroboão, ou seja, a adoração depravada que o primeiro rei de Israel implantara continuou sendo seguida por Onrí, e dele é dito que também irritou ao Senhor Deus de Israel com suas vaidades (1 Reis 16:21-26).

O que estava em jogo na administração desses homens não era meramente a prosperidade terrena de uma nação, mas a adoração verdadeira ou a falsa adoração. Eles optaram por manter a falsa adoração implantada por Jeroboão, tanto que em suas biografias, o primeiro rei do reino dividido de Israel foi lembrado. O sexto rei após Jeroboão faria diferente? Isso é o que veremos agora.

Acabe poderia ser um nome simbólico ou até mesmo uma paródia para que em Israel acabasse a idolatria (acabe do verbo acabar). Mas não, pelo contrário, o auge da idolatria entra em cena em seu reinado.

Também entra em cena em seu reinado uma das maiores demonstrações do contraste entre a verdadeira e a falsa adoração que podemos encontrar nas Escrituras Sagradas.

O filho de Onrí, Acabe, não se contentou apenas em imitar seus antecessores na depravação idolátrica que seguiram de Jeroboão, ele queria mais, e o terrível relato de sua biografia declara:

"E fez Acabe, filho de Onri, o que era mau aos olhos do Senhor, mais do que todos os que foram antes dele."

"E sucedeu que (como se fora pouco andar nos pecados de Jeroboão, filho de Nebate) ainda tomou por mulher a Jezabel, filha de Etbaal, rei dos sidônios; e foi e serviu a Baal, e o adorou."

"E levantou um altar a Baal, na casa de Baal que edificara em Samaria. Também Acabe fez um ídolo; de modo que Acabe fez muito mais para irritar ao Senhor Deus de Israel, do que todos os reis de Israel que foram antes dele." 1 Reis 16:30-33.

Nesse relato podemos concluir que a situação de uma nação, e porque não dizer de uma denominação religiosa também, sempre pode piorar. No entanto muitos acreditam que estão progredindo, que estão no rumo certo.

Deus, no entanto, não deixa o rumo de nações e de religiões seguir seu curso desenfreado na prática do mal e da perversão da adoração, sem intervir em um dado momento. Talvez pareça que nada vai acontecer para dar um basta na perversidade, mas isso é um perigoso engano, pois leva os homens a pensarem que está tudo bem, pois confundem a paciência de Deus com sua aprovação à suas más práticas.

No tempo do rei Acabe essa intervenção divina aconteceu, e Deus enviou um dos maiores profetas que existiu. Elias iniciou seu ministério de forma semelhante ao profeta sem nome, que vimos no capítulo anterior. Porém, concluiu sua missão de forma bem melhor que o homem de Deus que repreendera Jeroboão.

Sem aviso prévio, Elias entrou na presença do rei Acabe e pronunciou a sentença divina: *"Vive o Senhor Deus de Israel, perante cuja face estou, que nestes anos nem orvalho nem chuva haverá, senão segundo a minha palavra."* 1 Reis 17:1.

Talvez essas palavras não surtiram um efeito imediato na mente de Acabe, quando porém ele percebeu que nem chuva nem orvalho realmente não estavam mais caindo, começou a se preocupar. Essa preocupação duraria longos três anos e meio. Não para Elias é claro, pois Deus usou meios inusitados de sustenta-lo em meio à seca. Corvos levavam a Elias seu alimento (1 Reis 17:2-7) e depois uma viúva o sustentou (1 Reis 17:8-16).

Essa situação é uma prova de que Deus sustenta aqueles que lhe obedecem. Ela coloca em acentuado contraste o profeta que repreendeu Jeroboão, mas que voltou para comer pão na casa do profeta velho, contrariamente à ordem de Deus.

Elias não precisou desobedecer à Deus, ou supostamente obedecê-lo, para ter seu sustento. Ele precisou efetivamente obedecer a Deus para ser sustentado.

Nos dias em que vivemos, muitos aparentes mensageiros de Deus estão defendendo o seu sustento e de suas famílias seguindo e praticando enganos.

Elias demonstrou que os verdadeiros servos de Deus são sustentados pelo que sai da boca de Deus, e não da boca de "profetas velhos", nem que para isso Deus precise usar meios inusitados para sustentar seus mensageiros, como corvos e viúvas pobres.

A muitos religiosos hoje em dia é mais conveniente seguir os "profetas velhos", não sabendo o fim que lhes espera. Seguir homens que supostamente tem mais experiência na obra de Deus, mas que não passam de homens experientes na iniquidade e na desobediência.

O problema não está em descansar após uma missão, como Elias fez (1 Reis 17: 2-6) e o homem de Deus que repreendeu a Jeroboão também (1 Reis 13:10-14). A grande questão é fazer ou deixar de fazer o que Deus pede. Esse é o problema.

Na realidade não deveria ser um problema, mas para muitas pessoas é um problema, pois eles desobedecem e se esquecem que as consequências da desobediência são que constituem o verdadeiro problema para os desobedientes.

O profeta Elias estava lidando com uma nação de desobedientes, desde o rei, o maior mandatário terreno da nação, até os servos, que se submetiam a uma adoração à outro Deus que não o verdadeiro. Exceções existiam é claro, apesar de Elias achar que estava sozinho, haviam alguns (7 mil) que mesmo escondidos ou anônimos não tinham se curvado a uma adoração corrompida (1 Reis 19:18).

Nos dias de hoje também existem pessoas que mesmo sendo lideradas por homens corrompidos, mantêm sua integridade, e Deus sabe disso. Pessoas que não se curvam diante da adoração corrompida, mesmo que muitos ao seu redor estejam a sucumbir diante dessa apostasia generalizada. Mas quem são esses? Estão eles de fato adorando o Deus verdadeiro?

Elias colocou em contraste o Deus verdadeiro do deus falso. Elias deu nome aos deuses para que o povo soubesse realmente quem era o Deus verdadeiro.

Passados três anos e meio (Lucas 4: 25) Elias apareceu para vindicar a honra do Deus de Israel. Muitos podem pensar: por que ele demorou tanto tempo?

O tempo de Deus não é o tempo do homem. Parece até soar como clichê, aquelas frases que de tão comuns se tornam óbvias, mas não há resposta melhor.

Deus sabia desde o início até quanto tempo com essa punição seria possível a sobrevivência dos idólatras, e foi necessário chegar ao estremo para que, quando o verdadeiro Deus fosse realmente confirmado como o único, as pessoas pudessem ter certeza disso.

Tudo parecia ocorrer para o bem dos falsos e idólatras. Os profetas de Baal e Aserá eram a maioria, quase mil (1 Reis 18:19), em contraste com os profetas de Jeová que haviam sobrevivido: cem (1 Reis 18:13) além de Elias. A diferença numérica era favorável aos falsos profetas, pois os verdadeiros eram em torno de dez por cento em relação aos falsos.

Ainda assim, os profetas de Jeová foram escondidos, pois Jezabel matou a muitos profetas de Deus, mas Obadias providencialmente escondeu esses profetas de cinquenta em cinquenta numa cova e os sustentou a pão e água (1 Reis 18:7-13) enquanto que os falsos profetas de Baal e Aserá comiam à mesa de Jezabel.

Hoje essa história se repete em uma proporção desconhecida, mas semelhante. Muitos falsos profetas estão usufruindo dos maiores e melhores privilégios de nações e denominações, comendo do bom e do melhor, enquanto que os verdadeiros servos de Deus estão praticamente escondidos em meio à tanta falsa adoração.

E qual deus tem sido adorado? O deus Mamon, o deus das riquezas, da prosperidade... Mas que prosperidade há enquanto um povo que professa servir a Deus, serve na verdade aos seus próprios interesses egoístas? Enquanto quem prospera são apenas os lobos, morrendo as ovelhas à mingua, sendo saqueadas em sua lã e gordura? O maior risco, a verdadeira prosperidade de Israel não estava nas nações à sua volta, mas entre seus próprios governantes e falsos profetas. E hoje? Onde está o maior risco à verdadeira prosperidade das religiões e das nações? Dentro delas mesmas. Mas o povo de Israel deveria testemunhar a causa de sua degradação, e os que aparentemente estavam prosperando no engano sofreriam as consequências de adorar e ensinar uma falsa adoração.

O grande dia chegara, o dia de confrontar aquele que pronunciara o castigo da seca. Conseguiria ele provar que não era Baal quem realmente era o provedor de todas as bênçãos proporcionadas no campo?

Elias manda que Acabe convoque todo o povo de Israel no monte Carmelo, bem como os quatrocentos e cinquenta profetas de Baal, e os quatrocentos profetas de Aserá para propor-lhes um desafio. Imaginem só: oitocentos e cinquenta profetas contra Elias. Aos olhos humanos era um desafio no qual Elias seria massacrado. Mas quem estava com Elias era muito mais poderoso que até mesmo todos os falsos profetas do mundo inteiro, com toda a hoste maligna que os lidera.

Mas a ordem de Elias foi atendida, e Acabe convocou todos os israelitas e os profetas no monte Carmelo. Estando já todo povo ali reunido, Elias lhes disse:

"Até quando claudicareis para duas partes? Se Jeová é Deus, segui-o; se, porém, Baal o é, segui-o." 1 Reis 18:21; Trad. Brasileira.

O texto continua dizendo que ao ouvir esse questionamento de Elias o povo não lhe respondeu nenhuma palavra. Isso se reflete ainda até os nossos dias.

Muitos em nossos dias estão adorando com um coração dividido, não sabem se servem a um Deus ou a outro. E Jesus afirmou que é impossível servir a dois senhores (Mateus 6:24).

Elias, em seguida ao silêncio do povo lhes disse que apenas ele havia ficado como profeta do Senhor, mas que os profetas de Baal eram quatrocentos e cinquenta homens.

Parece que ele queria frisar muito bem essa enorme diferença. Em seguida ele explicou os termos do desafio, que foram iguais para ambos:

"Deem-se nos, portanto, dois novilhos; escolham eles para si um novilho e, dividindo-o em pedaços, o ponham sobre a lenha, porém não metam fogo por baixo; eu prepararei o outro novilho e pô-lo-ei sobre a lenha, porém não meterei fogo por baixo. Invocai vós o nome do vosso deus, e eu invocarei o nome de Jeavá; o Deus que responder por meio do fogo, seja esse o Deus. Todo o povo respondendo, disse: é boa a proposta." 1 Re 18:23-24; Trad. Bras.

Esses foram, pois, os termos do desafio proposto por Elias e todos prontamente aceitaram participar e se submeter a ele.

Elias pediu que eles escolhessem o novilho e oferecessem primeiro o sacrifício, porque eram a maioria. Deu a eles a prioridade de fazer o sacrifício que deveria ser respondido com fogo pelo deus que alegavam ser o verdadeiro.

Eles, então, começaram a preparar o novilho que escolheram e o colocaram sob o altar, sem, contudo, colocar fogo. Em seguida, começaram a clamar a Baal para que respondesse suas orações e rituais e mandasse fogo para queimar sua oferenda, em sinal de aprovação e demonstração que ele existia.

Os profetas de Baal clamaram, diz o relato bíblico (1 Reis 18:26) desde a manhã até o meio dia, porém nada aconteceu. Eles pulavam sobre o altar clamando a Baal e nada de fogo para consumir o sacrifício.

Ao meio dia Elias começou a zombar deles pedindo que clamassem mais alto, pois talvez Baal estivesse conversando, ou fazendo alguma coisa, ou até mesmo em viagem ou dormindo, e se eles clamassem mais alto ele despertaria do sono.

E foi isso que eles fizeram, porém, após horas de clamar em alta voz, nessa vã tentativa, a Bíblia diz que eles começaram a se retalhar com facas e lancetas, oferecendo seu próprio sangue como oferta a Baal, mas ele não se manifestou, provando que existia.

O clamor dos profetas de Baal se prolongou até a hora do sacrifício da tarde sem nenhuma manifestação do deus que eles invocavam. Tudo que fizeram não foi suficiente para "despertar" Baal e fazer com que ele respondesse com fogo.

Após a prolongada e desesperadora tentativa dos profetas de Baal, Elias começa então a realizar sua parte no desafio. Convoca o povo para que se aproxime e o povo se achega até onde ele estava. Elias começa então a restaurar um altar do Deus verdadeiro que ali estava, mas em ruínas.

Restaurado o altar ele faz um rego em volta dele e ordenou que colocassem água sobre o altar com o novilho que ali estava cortado em pedaços. Jogaram então quatro cântaros de água, assim como Elias havia ordenado. Elias ordenou que eles fizessem isso mais duas vezes, e o altar foi encharcado de água três vezes, a ponto de a água correr ao redor do altar e até o rego encher de água.

Talvez alguns que ali estavam pudessem ter pensado: "Elias é completamente louco! Como ele espera que algum fogo queime esse sacrifício?" Então, na hora do sacrifício da tarde, Elias, diferente do clamor desesperado dos profetas de Baal, profere calma e confiantemente a seguinte oração:

"Ó Jeová, Deus de Abraão, de Isaque e de Israel, seja manifestado, hoje, que tu és Deus em Israel, e que eu sou teu servo, e que por tua ordem tenho feito todas essas coisas. Responde-me, Jeová! Responde-me para que este povo conheça que tu, Jeová, és Deus, porque fizeste voltar para trás o seu coração!" 1 Reis 18:36-37; TB.

E Deus atendeu a oração de Elias. A continuação do relato nos diz que o Deus verdadeiro respondeu de tal forma essa oração de Elias que mandou fogo instantaneamente e o fogo não queimou apenas o animal do sacrifício, mas consumiu a lenha, as pedras, o pó e ainda lambeu a água que estava no rego.

Essa manifestação impressionante do poder de Deus deixou o povo impressionado. O relato bíblico diz que eles caíram com os rostos em terra e proclamaram que somente Jeová era o Deus verdadeiro (1 Reis 18:39).

Elias vencera o desafio, mas a vitória não era de Elias, Deus havia vindicado sua soberania e demonstrado para o povo que Baal não era o Deus verdadeiro. Elias então ordena que todos os falsos profetas fossem mortos, sem que escapassem nenhum deles. A ordem foi cumprida imediatamente aos olhos de todo o povo e do rei Acabe.

Vindicada a honra do verdadeiro Deus e demonstrado o verdadeiro culto, em contraste com o falso, Deus agora podia derramar sobre eles a chuva tão esperada, que havia três anos não caía sobre a terra. Elias se despede de Acabe e lhe ordena ir para sua casa antes que a chuva o apanhasse no caminho, tamanha a fé de Elias que Deus, que já derramara fogo do céu, derramaria agora a chuva para resolver o problema da seca que assolava sua nação idólatra.

Contudo, a chuva não viria sem antes Elias insistentemente orar a Deus por sete vezes, até que abundante chuva caísse após sua profecia de seca três anos antes (1 Reis 18:43-45; Tiago 5:17-18).

A história não para por aqui, ela continua. Mas para as considerações a que nos propomos esse trecho da história nos ensina muito quanto a verdade de que há uma falsa adoração em contraste com a verdadeira.

Assim como na primeira família humana essa verdade foi evidente (Caim e Abel), passando depois por várias outras situações relatadas nas Escrituras, algumas das quais comentadas por nós neste livro, a história de Elias e os profetas de Baal no monte Carmelo nos ensina grandes e importantes lições aplicáveis ao contexto atual.

Apesar de hoje não podermos contar com esse tipo de manifestação, pois o inimigo teria autorização para fazer até fogo descer do céu a vista dos homens (Apocalipse 13:13), podemos aprender através das Escrituras qual a verdadeira adoração.

O povo de Israel estava de tal forma equivocado em seus conceitos sobre Deus que chegaram a confundi-lo com Baal. Talvez hoje pensemos que isso é um absurdo, mas eles foram pegos nessa armadilha. E nós? Em qual armadilha temos caído? Será que nosso conceito de Deus hoje e nossa adoração tem sido aprovadas pelas Escrituras? Nossa adoração está correta? E o conceito de Deus que criamos em nossa mente reflete a verdade sobre quem de fato é Deus? Responder essas perguntas é crucial se queremos saber se nossa forma de adorar a Deus está nos levando para a vida ou para a morte, assim como aconteceu com aqueles falsos profetas.

Nosso conceito sobre Deus está amparado pelos pastores das mais variadas denominações, tais como o dos israelitas estava sujeitos aos conceitos dos profetas de Baal e Aserá? São as autoridades governamentais, tais como os idólatras reis de Israel e Judá até Acabe, que ditam os deuses que iremos seguir?

Hoje a maioria esmagadora da população mundial tem seguido um deus fabricado por teólogos, ou seja, um deus que não passa de Baal comparado ao Deus verdadeiro. No entanto, muitos acreditam estar adorando verdadeiramente a Deus. Mas o Deus que as religiões hoje adoram não é o Deus verdadeiro? Mais adiante teremos alguns esclarecimentos sobre esse fato.

Muitos podem racionalizar que estão adorando o Deus verdadeiro, pois esse Deus faz milagres e sinais grandiosos em suas vidas, curas e grandes manifestações que comprovam sua existência. Seriam essas manifestações provas de que estão adorando o Deus verdadeiro, o Deus de Elias? É algo sério a pensarmos, pois, como já vimos, Jesus disse certa vez:

"Nem todo o que me diz: Senhor, Senhor! entrará no reino dos céus, mas aquele que faz a vontade de meu Pai, que está nos céus."

"Muitos me dirão naquele dia: Senhor, Senhor, não profetizamos nós em teu nome? e em teu nome não expulsamos demônios? e em teu nome não fizemos muitas maravilhas? E então lhes direi abertamente: Nunca vos conheci; apartai-vos de mim, vós que praticais a iniquidade." Mateus 7:21-23. Será muito triste para os tais ouvir essas duras palavras, não é mesmo?

Portanto, fazer a vontade do Pai celestial é mais importante que manifestação de sinais miraculosos. Naquele tempo Elias realizou o sinal mencionado porque o povo não estava fazendo a vontade do seu Deus e Pai celestial. Mas hoje em dia muitos estão supostamente realizando sinais miraculosos pelo poder de Deus, mas não passam de pessoas praticando a iniquidade e usando o nome de Jesus para justificar suas práticas iníquas.

Como podemos identificar então se estamos adorando o Deus verdadeiro? Já que muitos que fazem milagres estão praticando a iniquidade (Mateus 7:21-23). A cada capítulo ficamos mais próximos da resposta, por isso, continue a leitura.

Capítulo 5

"Esta é a casa de Deus!"

"À lei e ao testemunho! Se eles não falarem segundo esta palavra, é porque não há luz neles." Isaías 8:20.

Esta é uma das respostas à pergunta feita a pouco. Nosso parâmetro para testar uma ideia ou conceito supostamente de origem divina é se ele se enquadra à *lei e ao testemunho* uma indicação clara a toda a Palavra de Deus (*lei* = Torah, pentateuco, livros de Moisés e *testemunho* = testemunho dos profetas, ou seja, demais livros dos profetas de Deus).

Muitos estão seguindo homens (e até mulheres), mas estão ignorando o que dizem as Escrituras quanto à verdadeira adoração. Por isso temos testemunhado a maior pobreza espiritual no mundo, pois as igrejas estão infestadas de pessoas alienadas da Bíblia, presas à tradições de homens.

Lembra que abordamos o fato de muitos estarem dizendo que "o Senhor me revelou" quando na verdade eles tem falado coisas enganosas? Certa passagem das Escrituras nos diz o seguinte quanto a isso:

"Se se levantar no meio de ti profeta ou sonhador de sonhos e te mostrar um milagre ou prodígio, e suceder o milagre ou prodígio de que te falou, e disser: Vamos após outros deuses, que não conheceste, e sirvamo-los, não ouvirás as palavras desse profeta ou desse sonhador de sonhos, porque Jeová, vosso Deus vos está experimentando, para saber se o amais de todo o vosso coração e de toda a vossa alma. Andareis após Jeová, vosso Deus, e temê-lo-eis; guardareis os seus mandamentos e obedecereis à sua voz, e o servireis, e a ele vos unireis. Esse profeta ou esse sonhador de sonhos será morto, porque falou rebelião contra Jeová, vosso Deus, que vos tirou da terra do Egito e vos remiu da casa da servidão, para vos tirar

do caminho em que Jeová, vosso Deus, vos ordenou que andásseis. Assim, exterminarás o mal do meio de ti." Deuteronômio 13:1-5; Trad. Brasileira.

Revelador esse texto, não é mesmo? Nele vemos claramente que Deus já havia deixado por meio de Moisés como proceder em casos como o que aconteceram no monte Carmelo, onde Elias mandou que os falsos profetas fossem mortos.

Nesse texto vemos claramente que é possível que muitos milagres aconteçam não da parte de Deus, mas do inimigo. Elias tinha conhecimento dessas orientações, pois Moisés deixou tudo relatado como os reis e os profetas deveriam proceder de conformidade com os livros que Moisés lhes deixara.

No entanto a nação de Israel foi se degradando cada vez mais na apostasia, com toda a verdade em suas mãos. Não é assim também hoje? Todos têm as Escrituras e professam segui-la como norma de fé, no entanto na prática impera a apostasia e a desobediência à Lei de Deus.

Acabe, mesmo testemunhando no Monte Carmelo a grandiosa manifestação do poder de Jeová, não mudou sua vida, mas continuou a seguir os caprichos de sua ímpia e idólatra esposa, Jesabel (1 Reis 21:25-26).

Deus ordenou que Elias pronunciasse uma dura sentença contra a casa de Acabe, não somente por ter matado Nabote e tomado sua vinha, que era vizinha ao seu palácio (1 Reis 21:1-16), mas por todas as iniquidades que já havia cometido sem se arrepender para com Deus.

Quando Elias o encontra, Acabe lhe diz em tom sarcástico: "*Achaste-me, ó meu inimigo?*" Elias então positivamente lhe responde: "*Achei-te, porquanto te vendeste para fazeres o mal aos olhos de Jeová.*" 1 Reis 21:20; Tradução Brasileira.

Interessante não é mesmo? Acabe sendo "pego com a boca na botija" pergunta a Elias como quem diz: "você de novo?" ou "Já me encontrou novamente né?" Acabe sabia que estava pecando.

Hoje, de igual forma, muitos sabem que estão em erro e consideram os que os repreende da parte de Deus como sendo seus inimigos. O apóstolo Paulo certa vez disse: *"Fiz-me acaso vosso inimigo, dizendo a verdade?"* Gálatas 4:16. Faço minhas as palavras de Paulo e não espero estar ganhando alguns leitores como meus inimigos. No entanto, não sei se isso será possível até o final da leitura deste livro.

O fato é que Acabe considerou Elias como seu inimigo, mas dele é dito que teria a mesma sentença de Jeroboão e Baasa, reis anteriores a ele, tendo Acabe suas descendências exterminadas, assim como esses ímpios reis tiveram (1 Reis 21:22).

Ouvindo essa sentença da parte de Deus por boca de Elias, Acabe se humilhou, rasgou seus vestidos, se cobriu de saco, jejuou e ficou grandemente contrito, e Deus ordenou que Elias voltasse e lhe dissesse que não cumpriria aquela sentença em seus dias, mas nos dias de seu filho.

A história de Israel e Judá continuou a seguir sua carreira de idolatria, intercalada por alguns poucos reis que se voltavam para Deus e reformavam a nação, eliminando a contaminação idolátrica. Mas pouca diferença acontecia, pois, a rebeldia estava enraizada no coração do povo.

Mensageiros e mais mensageiros eram enviados para advertir o povo dos resultados de sua apostasia, mas apenas para cair em ouvidos indiferentes. O povo que fora estabelecido para ser um povo de propriedade exclusiva de Deus, entregava-se a outros deuses e se esquecia, ou ignorava, quem era realmente seu Deus.

Gerações se sucediam e muitos nasciam sem ter conhecimento do Deus verdadeiro, aprendendo desde cedo a praticar uma adoração deturpada, pois aprendiam com seus pais a adorar aquilo que não era Deus, aprendiam a cultuar deuses de madeira, de pedra, barro, enquanto que o Deus vivo era ignorado e irritado com tudo isso.

As consequências de todas essas abominações cometidas contra Deus não ficariam impunes. O Altíssimo já estava prestes a derramar sua ira sobre eles, mas antes disso enviaria mais um profeta para lhes advertir do mal que lhes sobreviria se não se arrependessem e reformassem.

Desde o ventre de sua mãe Deus escolhera um homem para essa missão. Jeremias deveria ser o instrumento escolhido pelo Deus de Israel para cumprir esse propósito e alertar a nação idólatra antes que eles fossem punidos por toda impiedade e afastamento daquele que realmente era seu Deus.

Jeremias, a princípio, ainda criança, não queria assumir a dura missão de profeta para alertar e advertir seus compatriotas de todo o mal que eles estavam praticando.

Quando Deus começou a lhe falar e orientar a respeito do seu chamado para o ofício de profeta, foi para ele muito difícil assimilar que ainda na meninice Deus o estava chamando para exercer uma dura missão.

No entanto, o tempo foi passando, e quando chegou a hora de começar, Jeremias não teve como fugir de sua responsabilidade. Deus o capacitara, o chamara e ele não foi rebelde à sua palavra, aceitou sua missão e pronunciou as palavras de Deus.

O Altíssimo incumbiu Jeremias de ser sua boca, profetizando não somente à Judá e Israel, mas a todas as nações, pronunciando juízos proféticos, parábolas e visões simbólicas com o intuito de revelar os planos de Deus para pessoas, reis e nações.

Jeremias então começou seu ministério profético declarando aos ouvidos dos moradores de Jerusalém a forma com que Deus os amara e a forma com que eles retribuíram a esse amor.

O profeta lhes constrangeu a pensar na maneira com que Deus os guiara e a forma com que eles o trocaram por aquilo que não tem valor, por ídolos inúteis. Indicou-lhes ilustrativamente a forma como se comportaram: como uma prostituta.

Mostrou-lhes que o teor de suas orações a deuses de madeira eram uma coisa absurda, pois diziam a um pedaço de madeira: *"tu és meu pai; e a pedra: tu me geraste."* Jeremias 2:27. Hoje não acontece coisa semelhante? Não estariam alguns religiosos que professam serem filhos do Deus Altíssimo chamando de mãe uma imagem de gesso ou outro material qualquer?

Através de Jeremias, Deus estava lhes transmitindo toda sua insatisfação e a forma como Ele se sentia, com o povo lhe virando as costas e não o rosto, mas na hora do aperto virando-se para Ele e, como se nada tivesse acontecido, pediam socorro.

Foram chamados a se arrependerem, antes que o mal lhe sobreviesse, pois coisa espantosa estavam praticando (Jer. 5:30). A liderança espiritual do povo eram os cabeças na rebelião e afastamento do povo do verdadeiro Deus. Deles é dito:

"Os profetas profetizam falsamente, e os sacerdotes dominam de mãos dadas com eles; e é o que deseja o meu povo. [...]" Jer. 5:31.

Impressionante não é mesmo? Os profetas e sacerdotes eram mentirosos e o povo mesmo assim queria segui-los. Estaríamos hoje em situação diferente? Os padres, bispos, pastores e demais líderes religiosos de hoje estariam em situação melhor que o antigo Israel? E o povo? Não estariam hoje satisfeitos com guias mentirosos e enganadores? É algo sério para refletirmos. Contudo, Jeremias com preocupação lhes transmitiu a advertência de Deus:

"Aceita a disciplina, ó Jerusalém, para que eu não me aparte de ti; para que eu não te torne em assolação e terra não habitada." Jeremias 6:8.

Mas o povo não estava disposto a ouvir, assim como hoje muitos não estão. O povo parecia estar com os ouvidos tapados para entender a advertência que visava sua salvação e preservação da ruína que estava próxima, contudo, as palavras de Deus lhes pareciam uma coisa vergonhosa, que não soava bem aos ouvidos (Jer. 6:10).

Hoje também acontece o mesmo. Muitas pessoas parecem se envergonhar da Palavra de Deus, não gostam dela, assim como o povo de Israel. Mas o que essas pessoas farão quando vier o fim?

Leiam o livro de Jeremias. Vejam como aquele povo estava tão distante de Deus. Mas o pior é que eles professavam serem povo de Deus, como muitos hoje em dia estão professando ser. Vão à igreja, atuam em funções nela, dão suas ofertas e dízimos, observam certas ordenanças religiosas, mas estão tão distantes de Deus como aquele povo nos dias de Jeremias estava.

No capítulo sete de Jeremias (leiam) podemos perceber que o povo continuava com seus rituais religiosos, iam ao templo, sacrificavam os animais, cumpriam os rituais como ordenava a lei, porém tudo era apenas formalidade vazia.

O povo se apoiava no fato de ter o templo do Senhor e frequentar esse templo, mas o profeta lhes advertiu a não confiar em palavras falsas dizendo que aquele era o templo do Senhor, ou seja, a casa de Deus, pois isso não iria lhes servir de nada se eles não corrigissem suas vidas das coisas erradas que estavam praticando.

Não vivemos em situação diferente nos dias atuais. Não mesmo! Muitas pessoas se orgulham de suas denominações e seus lindos templos, mas não procuram embelezar o templo da alma e viver uma vida íntegra diante de Deus. Cometem todo tipo de abominação para se esconderem num templo como se fossem boas pessoas. Nos dias de Jeremias a casa de Deus estava servindo para abrigar os praticantes de todo tipo de abominações, vejam:

"Que é isso? Furtais e matais, cometeis adultério e jurais falsamente, queimais incenso a Baal e andais após outros deuses que não conheceis, e depois vindes, e vos pondes diante de mim nessa casa que se chama pelo meu nome, e dizeis: Estamos salvos; sim, só para continuardes a praticar estas abominações!

"Será esta casa que se chama pelo meu nome um covil de salteadores aos vossos olhos? Eis que eu mesmo vi isto, diz o Senhor. "

Jeremias 7:9-11.

Eu, sinceramente não creio que hoje, nos últimos dias, a situação do professo povo de Deus esteja melhor que a daquele povo. Muitos estão usando o nome de "cristão" para acobertar as mais vis abominações, e, no entanto, tomam o nome de Deus em seus lábios, em diversas casas de culto, e dizem que estão salvos pelo sangue de Jesus, somente para continuarem em suas práticas pecaminosas, achando que Deus não vê.

No entanto, o mesmo Deus que viu tudo aquilo que os contemporâneos de Jeremias faziam, está observando atentamente a conduta de seu professo povo nos dias finais da história desse mundo de pecado.

A situação estava tão grave que Deus proibiu Jeremias até mesmo de orar por aquele povo (Jer. 7:16), pois Ele não ouviria a oração que fosse feita em favor deles.

A nação rebelde não queria andar nos caminhos que Deus lhes indicara, nas veredas antigas (Jer. 6:16), mas queriam andar nos seus próprios caminhos, fazer suas próprias vontades, seguir seus próprios conselhos e satisfazer os desejos do coração maligno (Jer. 7:23-24).

Não é esse o comportamento que somos tentados a praticar? Quantas vezes somos escravos da nossa própria vontade? Quantas vezes seguimos nossos próprios conselhos, e não os de Deus? Muitos de nós racionalizamos: "Acho que isso ou aquilo não tem nada a ver." E nessa contemporização com o mal somos levados a seguir a inclinação do nosso mal coração pecaminoso e rebelde que nos afasta de Deus.

Um raio x da nação pode ser observado nessa declaração: "*Jeová diz: porque abandonaram a minha lei, que lhes pus diante, e não obedeceram a minha voz, nem andaram nela, mas andaram após a obstinação do seu coração e após os Baalins, coisa que lhes ensinaram seus pais; portanto, assim diz Jeová dos Exércitos, Deus de Israel: Eis que alimentarei a este povo com absinto e lhe darei de beber água de fel. Também os espalharei por entre as nações que nem eles nem seus pais conheceram; e enviarei após eles a espada até que os tenhas consumido."* Jer. 9:13-16; Tradução Brasileira.

Como vimos, o povo aprendeu a seguir a Baal e se esqueceu de seguir a Jeová. Israel aprendeu a adorar a Baal e se esqueceu de adorar a Jeová. Seus pais lhes ensinaram desde cedo a serem devotos de Baal, e a adoração verdadeira, o Deus verdadeiro foi por eles esquecido. O reconhecimento após o desafio proposto por Elias no monte Carmelo, de que só Jeová era Deus (1 Reis 18:39), foi rapidamente por eles esquecido.

Mais uma vez Deus advertiu a Jeremias a não suplicar a Ele pelo povo: *"Tu, pois, não ores por este povo, nem levantes por eles clamor nem oração; porque não os ouvirei quando eles clamarem a mim, por causa do seu mal."* Jeremias 11:14.

A situação era mesmo irreversível, não porque Deus não pudesse fazer nada por eles, mas porque eles não queriam dar ouvidos a Deus e se voltarem a ele. Profetas falsos estavam a enganar o povo dizendo que nada de mal lhes aconteceriam, e que estariam em paz, mas Deus pronunciou por meio de Jeremias que as calamidades que eles diziam que não viriam sobre a nação, essas mesmas calamidades seriam a causa de sua destruição (Jeremias 14:14-15).

Na história de Israel vemos que grandes homens de Deus intercederam pelo povo em momentos nos quais Deus estava prestes a lhes destruir (Êxodo 32:9-14, 30-34; Números 14:13-19; 1 Samuel 12:19-23). No entanto, na situação em que o povo se encontrava, nem mesmo a intercessão de Moisés e Samuel salvaria os israelitas de sua punição se estivessem vivos e pudessem interceder por eles. E foi isso que Deus disse a Jeremias quando se manifestou nesses termos:

"Disse-me Jeová: ainda que Moisés e Samuel se apresentassem diante de mim, todavia, a minha alma não poderia estar com este povo; lança-os de diante de mim, e saiam." Jer. 15:1; Trad. Brasileira.

Coisas terríveis estavam destinadas a esse povo: morte, espada, fome e cativeiro. A quem estivesse destinado um desses juízos não poderia escapar, mas certamente o sofreria como retribuição de sua apostasia.

E hoje? O que aguarda o povo que professa servir a Deus? Quais retribuições sobrevirão ao pretenso povo de Deus pela sua desobediência? Isso será respondido no último capítulo.

Capítulo 6

Adoração de aparências

Outro profeta a quem o Senhor mostrou as abominações que se cometiam em Jerusalém foi o profeta Ezequiel. Ele viu que dentro do próprio templo de Jeová coisas terríveis estavam acontecendo, algo que o deixou atônito e perplexo (Ezequiel 8).

Viu no templo que deveria ser para uso exclusivo do culto e adoração de Jeová, imagens que estavam provocando ciúmes em Deus (Ezequiel 8:3). O Senhor foi falando com Ezequiel e lhe mostrando essas coisas em um recinto sagrado, que deveria ser a morada da glória de Deus, mas que o estava afastando do seu santuário (Ezequiel 8:6).

No entanto, Ezequiel veria coisas piores que aquelas imagens. Jeová lhe disse para cavar na parede onde havia um buraco naquele templo, e então olhasse através daquele buraco para ver outras maiores abominações. Ezequiel obedeceu às instruções do Senhor e em seguida viu toda forma de répteis e de animais abomináveis pintados nas paredes daquele recinto (Ezeq. 8:7-10).

O profeta também viu ali setenta anciãos da nação em pé diante daquelas imagens, com incensários nas mãos numa espécie de ritual religioso como que orando com seus incensários para aquelas imagens (Ezequiel 8:11).

Com a impressão dessa cena em mente Ezequiel ouve de Deus: *"Filho do homem, viste o que fazem nas trevas os anciãos da casa de Israel, cada um nas suas câmaras de imagens? Pois dizem: Jeová não nos vê; Jeová abandonou a terra."* Ezeq. 8:12; Trad. Brasileira.

Contudo, não era somente isso que Ezequiel veria. Jeová lhe disse que abominações maiores ele veria. E viu. Suas visões tórridas de coisas abomináveis continuaram e o relato diz que ele foi levado em vi-

46

são à entrada da porta do lado norte do templo e ali viu mulheres assentadas chorando à Tamuz (Ezequiel 8:14). Mas não parou por aí, mais abominações foram mostradas ao profeta.

Ele foi levado em espírito para dentro do templo, para o átrio de dentro da casa de Jeová e, eis que entre o pórtico e o altar, haviam vinte e cinco homens de costas para o templo, com os rostos virados para o oriente e adoravam o sol, virados para o oriente (Ezeq. 8:16).

Após mostrar ao profeta Ezequiel todas essas abominações que se cometiam em sua casa, Deus disse ao profeta:

"Então me disse: Vês isto, filho do homem? Há porventura coisa mais leviana para a casa de Judá, do que tais abominações, que fazem aqui? Havendo enchido a terra de violência, tornam a irritar-me; e ei-los a chegar o ramo ao seu nariz. Por isso também eu os tratarei com furor; o meu olho não poupará, nem terei piedade; ainda que me gritem aos ouvidos com grande voz, contudo não os ouvirei." Ezequiel 8:17-18.

Deus estava realmente muito irado com tudo isso. Um povo que deveria ser seu representante aos povos ao redor; um povo que deveria levar aos outros o conhecimento do Deus verdadeiro e do verdadeiro culto, estava na lama da idolatria sujo dos pés à cabeça, adorando imagens, cultuando diversos deuses falsos e praticando toda sorte de pecados, achando que Deus não via nada.

Mas, Deus não somente estava vendo tudo, como estava prestes a derramar sobre eles sua punição. Ao observar em visão o cumprimento desse juízo punitivo contra Jerusalém, Ezequiel observa que Deus incumbe um homem vestido de linho com um estojo de escrivão à cintura, *"e lhe disse: Passa pelo meio da cidade, pelo meio de Jerusalém, e marca com um sinal as testas dos homens que suspiram e que gemem por causa de todas as abominações que se cometem no meio dela."*

"E aos outros disse ele, ouvindo eu: Passai pela cidade após ele, e feri; não poupe o vosso olho, nem vos compadeçais. Matai velhos,

jovens, virgens, meninos e mulheres, até exterminá-los; mas a todo o homem que tiver o sinal não vos chegueis; e começai pelo meu santuário." Ezequiel 9:4-6.

Terrível descrição, não é mesmo? Deus sabia exatamente o que estava se passando com aquele povo. E hoje? Deus ficou mais complacente? Será que Ele não sabe o que se passa hoje com um povo que se diz ser dele?

Como vimos, no tempo de Ezequiel apenas o povo que estava insatisfeito com as abominações cometidas pela casa de Israel seria marcado com um sinal que os protegeria da calamidade destrutiva. Os demais, das crianças aos velhos, jovens, virgens, mulheres, todos seriam exterminados.

Essa história tem muito a nos ensinar, pois ela vai se repetir e precisamos nos preparar para o que em breve sobrevirá aos desobedientes e rebeldes, para aqueles que professam o nome de Deus, mas O desonra.

No penúltimo capítulo desse livro veremos como isso se repetirá no fim dos tempos e saberemos como nos preparar para que não estejamos entre os que serão exterminados pela justa vingança divina.

Mas, voltando a essa triste história, precisamos entender que Deus fez de tudo para que esse povo praticasse a adoração verdadeira, para que eles seguissem apenas a Ele, o Deus verdadeiro. Mas eles não quiseram. Eles haviam ido longe demais. Deles foi dito terem se tornado piores que Sodoma e Gomorra (Ezeq. 16:46-47).

Certa vez o renomado conferencista, o pastor Billy Graham, escreveu que se Deus não castigasse os Estados Unidos pela corrupção moral daquele país, Deus teria que pedir perdão para Sodoma e Gomorra.

Não diria somente contra os Estados Unidos, mas contra todos os países, e também contra muitos supostos crentes, pois tem praticado perversões piores que os sodomitas, o que causou sua destruição.

Perdão com certeza Deus não deve a ninguém pela maneira com

a qual trata e julga a cada indivíduo ou nação, mas com certeza o mundo em que vivemos está bem pior que as cidades destruídas pelo fogo, Sodoma e Gomorra. Hoje se comentem abominações com o aval de instituições religiosas.

Religiões que não somente aprovam o casamento homo afetivo, como também religiões que foram fundadas tendo como base essa prática. Mas, depravações não são uma exclusividade dessas relações.

Os próprios heterossexuais têm praticado muitas abominações sob o manto da religião. Lembro-me de outro dia ter assistido um vídeo capturado com câmera escondida (e imagem embaçada para encobrir as partes íntimas), no qual um pastor de determinada igreja mantinha relações sexuais com duas adolescentes na sala pastoral, enquanto o culto acontecia. Escândalos como esse existem aos montes nos templos e entre os religiosos das mais variadas religiões.

No entanto esse tipo de coisa não é exclusividade do meio evangélico. A própria igreja católica é alvo, vez por outra, de escândalos sexuais, envolvendo padres pedófilos. A igreja tem pagado indenizações altíssimas para famílias de vítimas desses abusos que não param de acontecer.

Como vemos e sabemos, não estamos em melhores condições do que o antigo Israel, mas não bastasse todas essas abominações, ainda somos vítimas de um sistema religioso corrompido pelo engano de teorias e tradições que desvirtuam o povo da verdadeira adoração, e até o final desse livro falaremos mais sobre esses ensinos.

O fato é que Israel estava carregado de abominações. Você pode ler sobre algumas dessas abominações no capítulo vinte e dois de Ezequiel. O fato é que Deus usou vários profetas ao longo da carreira de apostasia do povo hebreu para lhes advertir e chamar ao arrependimento, mas como mulas teimosas eles não aceitaram ser corrigidos e prosseguiram em sua carreira rumo à destruição.

Na história deles temos um sinal de alerta sobre os rumos do professo povo de Deus nos dias atuais. Estamos nós nos comportando da mesma maneira? Estamos nós recusando as oportunidades de arrependimento oferecidas por Deus e descansando em uma falsa segurança como eles?

São questões sérias para refletirmos, pois o fim se aproxima e muitos parecem estar dormindo, brincando com a salvação. Semelhantemente aos hebreus, muitos hoje não querem dar ouvidos aos apelos de advertência. Mas Deus disse a Ezequiel:

"Mas tu lhes dirás as minhas palavras, quer ouçam quer dei- xem de ouvir, pois são rebeldes." Ezequiel 2:7.

"Mas a casa de Israel não te dará ouvidos, porque não me quer dar ouvidos a mim; pois a casa de Israel é de fronte obstinada e dura de coração." Ezequiel 3:7.

Triste situação, não é mesmo? Mas essa pode ser a mesma situação de um povo que se julga ser povo de Deus. Talvez o con- teúdo desse simples livrinho não seja de nenhuma utilidade na vida de muitos que o lerão, mas mesmo assim preciso colocá-lo a disposição dos leitores, para que porventura alguém se dê por avisado e confirme nas Escrituras se o que está escrito aqui realmente é digno de atenção. A missão de quem deve advertir o pecador não é uma missão fácil. Jeová disse para Ezequiel sobre sua responsabilidade:

"A ti, pois, ó filho do homem, te constituí por atalaia sobre a casa de Israel; tu, pois, ouvirás a palavra da minha boca, e lha anunciarás da minha parte.

"Se eu disser ao ímpio: Ó ímpio, certamente morrerás; e tu não falares, para dissuadir ao ímpio do seu caminho, morrerá esse ímpio na sua iniquidade, porém o seu sangue eu o requererei da tua mão."

"Mas, se advertires o ímpio do seu caminho, para que dele se converta, e ele não se converter do seu caminho, ele morrerá na sua iniquidade; mas tu livraste a tua alma." Ezequiel 33:7-9.

Estas foram as condições do chamado de Ezequiel ao povo.

E Ezequiel cumpriu seu papel, desempenhou sua missão com dedicação, no entanto, o povo não queria sair da condição em que se encontrava. Preferiam continuar seguindo seus rituais misturados com práticas pagãs e idólatras.

A Bíblia nos diz que eles estavam acostumados a uma religião formal, mas nada mudava para melhor em suas vidas.

"E eles vêm a ti, como o povo costumava vir, e se assentam diante de ti, como meu povo, e ouvem as tuas palavras, mas não as põem por obra; pois lisonjeiam com a sua boca, mas o seu coração segue a sua avareza."

"E eis que tu és para eles como uma canção de amores, de quem tem voz suave, e que bem tange; porque ouvem as tuas palavras, mas não as põem por obra." Ezequiel 33:31-32.

Outro profeta, descrevendo essa mesma situação com palavras diferentes disse o seguinte a respeito dessa situação:

"Porque o Senhor disse: Pois que este povo se aproxima de mim, e com a sua boca, e com os seus lábios me honra, mas o seu coração se afasta para longe de mim e o seu temor para comigo consiste só em mandamentos de homens, em que foi instruído." Isaías 29:13.

Essa era a condição do povo de Deus, iam até o templo, participavam dos serviços sagrados, ouviam as palavras de Deus, mas não colocavam nada em prática. Honravam a Deus apenas com os seus lábios, mas o seu coração estava longe daquele que professavam servir. Seguiam as ordenanças de homens, ao invés de seguir os mandamentos de Deus.

As denominações religiosas hoje em dia estão em situação melhor que essa? Creio que não! Muitos seguem ensinamentos apenas de forma rotineira, porque foram instruídos daquela forma, sem saber se o que seguem é realmente a vontade de Deus. E os pastores e padres? O que fazem?

Muitos são os próprios responsáveis por essa situação, pois perpetuam o engano e a falsidade com seus ensinamentos desvirtuados da Palavra viva. O profeta Ezequiel fez duras admoestações a esses líderes do rebanho, que não cuidavam das ovelhas da forma que deveriam, o capítulo trinta e quatro de Ezequiel é totalmente dedicado a esses guias.

Um *ai* foi proferido contra eles por não estarem apascentando as ovelhas, mas a si mesmos. Simbolicamente o profeta descreveu a situação desses homens como retirando tudo que poderiam aproveitar das ovelhas (gordura, lã, etc.) e não cuidando delas como deveriam (Ezequiel 34:1-4).

E os pastores de hoje? Estão cuidando melhor das ovelhas do que os pastores de Israel nos dias de Ezequiel? Com certeza não é isso que acontece, pelo contrário, estão saqueando as ovelhas pior do que nos tempos da antiguidade. Muitos tem sido verdadeiramente extor- quidos em nome da fé, e a arma usada nesse assalto não é arma de fogo, mas a própria Bíblia. Homens que não medem escrúpulos para tirar das pessoas tudo que elas têm, casas, carros, bens, sustento, para viver uma vida de luxo. Ai desses homens, vão pagar muito mais caro do que estão cobrando por suas bênçãos de araque.

Como vimos, a adoração do povo de Deus naqueles dias e nos dias de hoje não são muito diferentes, pelo contrário, estão bem semelhantes, se igualando para baixo, ao nível de uma adoração falsa, espúria.

Tudo isso tem sido grandemente ofensivo a Deus. Os perigos de uma falsa adoração com status de verdadeira é um dos maiores riscos à fé cristã e à salvação pessoal

Capítulo 7

Adoração e idolatria

O Senhor já havia alertado Israel e Judá sobre as consequências de sua rebelião desde sua libertação do Egito, pois em Sua onisciência Ele sabia quais seriam as decisões de Seu povo quanto a quem adorar.

Moisés escreveu e deixou registrado às gerações subsequentes o que lhes aconteceria se eles se afastassem de Seu Deus para adorar outros deuses.

O leitor interessado pode consultar esses avisos de Deus em Levíticos 26 e Deuteronômio 28, pois estes capítulos explicam com detalhes quais seriam as consequências da desobediência.

Além desses avisos, Deus sempre enviou profetas para advertir o seu povo, como vimos nos capítulos anteriores desse livro, mas eles não lhes deram ouvidos. Sendo assim, todas as consequências preditas começaram a se cumprir em suas vidas: seca, fome, espada, canibalismo, escravidão, desterro, espanto, terror, doenças, e toda sorte de males provenientes de sua rebelião.

Tudo isso foi acontecendo aos poucos, desde a época dos juízes, quando Deus os entregava ao poder de seus opressores, e em seguida a algum tempo os libertava por causa dos seus clamores e Sua misericórdia.

Mas, como está relatado em Levítico 26, se o povo não se mantivesse em obediência a todos os mandamentos de Deus, ele os puniria novamente sete vezes mais, e as punições seriam sempre mais intensas até que o povo fosse para o exílio e sua terra fosse desolada.

Quem ler os capítulos citados (Lev. 26 e Deut. 28) encontrará seu pleno cumprimento em passagens como 2 Reis 17:7-23; 25:1-22;

2 Crônicas 36, Jeremias 6:9-21; 8:4-17; 21; 25:1-14; 44:1-14; 52; os 5 capítulos do livro de Lamentações de Jeremias; Ezequiel 5-7 e outras mais que relatam a desolação de Jerusalém em consequência de sua idolatria e abandono do Deus verdadeiro.

As poucas páginas deste livro são insuficientes para relatar tudo que o povo de Deus de outrora sofreu por sua rebeldia contra o Senhor e seu apego à uma falsa adoração. Deus cumpriu todas as palavras que lhes prometeu em consequência de suas decisões.

Babilônia veio e destruiu a capital do reino de Judá, Jerusalém, e seu templo, tão orgulhosamente estimado. Muitos de seus moradores perderam suas vidas como fora profetizado, pela fome, pela peste e pela espada (Cf. Jer. 14:12; 21:9; 24:10; 27:13; 29:17; 38:2; 42:17 e 22; 44:13; Ezeq. 5:12 e 17; 6:12; 7:15; 12:16).

Os mais nobres e uma parte do povo foram levados para Babilônia, como também fora profetizado o desterro dos desobedientes para várias partes do mundo (Lev. 26:33; Deut. 28:64-68; Ezeq. 23:46; Jer. 39:9; 52: 27) restando apenas os mais pobres do povo na cidade destruída e saqueada.

O povo que ficou rapidamente se rebelou contra Deus, mesmo após todas essas tragédias não se submeteram à Ele para O obedecer. Foram para o Egito, mesmo sob aviso de Jeremias para que não fossem, mas mesmo assim desobedeceram, após dizer que obedeceriam a palavra do Senhor quanto a este assunto (Cf. Jeremias 42-44). Eles esperavam escapar de Nabucodonosor.

No entanto, o Egito não seria refúgio para eles, pois também seria atacado por Nabucodonosor. O povo sofreu e não aprendeu que sua segurança estava apenas em Deus, e em nada mais. Apenas uns poucos fugitivos conseguiriam escapar do Egito (Jer. 44:14 ú.p.).

Anos antes, Samaria, capital de Israel, já havia sofrido o mesmo por mão do rei da Assíria (2Reis 17:6), como consequência de todos os pecados de idolatria instituídos por seu primeiro rei, Jeroboão, os bezerros de ouro que instituiu em Betel e Dã, tornando-se centros de falsa adoração (1Re 12:25-33).

Mesmo Deus enviando os seus profetas para lhes repreender e chama-los ao arrependimento e à reforma, eles se mantiveram rebeldes contra o SENHOR, guiados por uma sucessão de reis ímpios (2Reis 17:7-23) o que causou sua ruína.

Com a cidade de Samaria desolada e com pouquíssimos moradores, o rei assírio levou pessoas da Babilônia, Cuta, Ava, Hamate e de Sefarvaim e as fez habitar na capital de Israel para repovoá-la.

No entanto, essa mistura de gente começou a adorar seus falsos deuses e o Deus verdadeiro começou a enviar leões que mataram alguns deles. Depois o povo foi ensinado a adorar o Deus da terra para que esse flagelo acabasse, mas eles adoravam o Deus verdadeiro e os seus deuses falsos que já eram acostumados a adorar (2 Re 17:24-41). Para eles, adorar um Deus a mais não era errado, pois eram politeístas. Mas para Deus isso era terrível, dividir sua grandeza com imagens de escultura era um terrível pecado que Ele não aceitava, mas que os samaritanos continuaram praticando.

Nos dias de hoje, comportamento semelhante continua acontecendo nas várias denominações religiosas. Pessoas supostamente convertidas levam para suas religiões seus costumes mundanos e nem adoram verdadeiramente a Deus e nem servem completamente o mundo e suas paixões. Tentam servir a dois senhores, mas na verdade estão servindo ao príncipe das trevas, porque o interesse dele é que fiquemos mesmo em cima do muro, divididos, indecisos.

Quem abomina a mornidão é Jesus, a testemunha fiel e verdadeira de Apocalipse 3:14-17) e Seu Pai. Satanás não, ele nem se importa com a mornidão, para ele ser frio ou morno na fé é que importa, mas se estamos quentes na fé ele fica extremamente irritado.

Os samaritanos adoravam Deus e seus ídolos. Os crentes nos dias de hoje adoram Deus e seus ídolos, seus artistas favoritos, mesmo que sejam até as "estrelas gospel", atores e atrizes, jogadores, esportistas, enfim, dividem suas afeições entre Deus e as coisas do mundo, mas a

Bíblia diz:

"Não ameis o mundo, nem o que no mundo há. Se alguém ama o mundo, o amor do Pai não está nele. Porque tudo o que há no mundo, a concupiscência da carne, a concupiscência dos olhos e a soberba da vida, não é do Pai, mas do mundo. E o mundo passa, e a sua concupiscência; mas aquele que faz a vontade de Deus permanece para sempre." 1 João 2:15-17.

Entender exatamente o que é adoração verdadeira e adoração falsa, para os samaritanos não passava de uma simples superstição, pensando obter a proteção apenas adorando o "deus da terra" para que naquela terra eles pudessem estar em paz, mas, sem contudo, abandonar os outros deuses de suas terras.

Hoje existe a mesma convivência quanto à muitas práticas erradas à vista de Deus e muitos acalmam a consciência apenas dizendo que se faz nesse ou naquele país daquele jeito porque é da cultura, e com essa desculpa muitos estão adorando outros deuses enquanto acreditam estar adorando também ao Deus verdadeiro, quando suas práticas não passam de rituais vazios.

O povo de Judá não aprendeu com a desolação de Israel, por isso também foi para o cativeiro, assim como anos antes os israelitas foram. Mas, no cativeiro, os judeus seriam provados outra vez quanto à adoração.

No livro de Daniel encontramos histórias que nos inspiram a adorar somente ao Deus verdadeiro, mesmo em face da morte, e talvez esta seja uma parte crucial neste livro para percebemos o contraste entre a verdadeira e a falsa adoração.

Nabucodonosor fez uma grande estatua de ouro e ordenou que ela fosse adorada por todos, com a ordem de que se alguém não a adorasse seria jogado na fornalha ardente. Para esse evento foram convocadas todas as províncias da Babilônia. Você pode ler essa história no capítulo três de Daniel.

Partindo do pressuposto que você leu essa história (Daniel 3), ou já a conhece, quero continuar dizendo algo que não é tão claro no relato, mas que é obvio, do ponto de vista de relatos anteriores.

Quantos hebreus foram deportados para a Babilônia? De fato, não foram apenas quatro, Daniel e seus três amigos, não é mesmo? Jeremias em seu último capítulo relata que foram quatro mil e seiscentos o número dos que foram deportados para Babilônia, em três etapas (Jeremias 52:28-30).

Já no livro de Esdras temos o relato dos que voltaram do exílio após setenta anos, que foram quarenta e dois mil trezentos e sessenta (Esdras 2:1-70, especialmente verso 64). Foi uma grande multiplicação.

Mas o que quero dizer não se restringe a dados e números frios e sem propósito. Quero que reflitamos é na seguinte questão: se muitos do povo de Deus estavam cativos na Babilônia, e a história de Daniel 3 nos diz que Nabucodonosor ordenou que todos adorassem a estátua de ouro que ele erigiu, porque apenas três hebreus se opuseram? Não haviam mais hebreus na Babilônia?

A esmagadora maioria, mesmo dos que deveriam adorar o Deus verdadeiro, estavam prestando uma falsa adoração. Aqueles homens, Mizael, Ananias e Azarias, eram tão fiéis a Deus que resolveram mesmo entregar seus corpos para serem queimados, para não se curvar diante de um objeto, fosse pequeno, ou mesmo enorme como aquele; fosse de barro, gesso, ou mesmo de ouro como aquela estátua.

No entanto, em nossos dias as desculpas mais fúteis são apresentadas para se prestar devoção e reverência à imagens de escultura. Os hebreus, de certa forma, já estavam tão habituados àquela prática em sua terra, que em terra estrangeira, sob pressão, isso foi quase que automático para muitos deles, exceto para os três fieis amigos de Daniel. Jeremias havia até profetizado que eles adorariam outros deuses para onde fossem exilados, e isso aconteceu não só no evento da estátua de Nabucodonosor como em outras diversas situações (Jer. 16:13).

Anos antes de serem exilados (2 Reis 18:4), o rei Ezequias havia feito uma reforma espiritual e nessa reforma destruiu a serpente de bronze que Moisés havia feito para que os picados pelas serpentes olhassem e se curassem (Números 21:8-9). Porém o povo continuou a sua frenética busca por uma adoração corrompida, adorando imagens pintadas e/ou de escultura (Ezequiel 8 e Jeremias 10; 12:16-17; 13: 10-11; 23:13-14; etc.).

Agora em terra estranha vemos a grande maioria do povo que já havia passado por várias situações, experimentando as punições e misericórdia de Deus, adorando a imagem de ouro de Nabucodonosor. Mas, é preciso que coloquemos em flagrante contraste o comportamento dos três fiéis hebreus, Mizael, Ananias e Azarias, com toda aquela multidão que ao som dos mais variados instrumentos se curvou em falsa adoração. Um simples gesto, mas carregado de sérias implicações.

Em nossos dias as coisas não são muito diferentes. É fato que não temos ninguém nos obrigando a uma falsa adoração como outrora. Mas mesmo sem sentença de morte (por enquanto, pois adiante falaremos sobre a última sentença de morte para os verdadeiros adoradores), mesmo sem obrigatoriedade para que se adore o errado, muitos estão escolhendo deliberadamente se curvar ante um falso sistema de adoração.

Hoje vivemos uma adoração de moda, adoração da maioria, onde impera o que todos estão fazendo, o que todos estão adorando, como todos estão adorando. Ficar do lado de três? Ainda mais de uns "gatos pingados" que são tão estranhos que parecem de outro planeta? É o pensamento de muitos.

Assim, multidões tem se curvado diante de um falso modelo de adoração que tem sido levantado em muitos lugares. E não é de se assustar que a música continua exercendo o seu papel nesse processo. Como a falsa adoração foi precedida de música no campo de Dura (Daniel 3:5, 7, 10 e 15) a falsa adoração em nossos dias tem sido precedida de música. Mas que tipo de músicas? Você já pensou se o tipo de música que você usa em sua adoração é aprovado por Deus? Ou você acredita que não importa o que você canta, ouve, promove na adoração, que Deus aceita tudo?

Se os seres humanos têm gostos musicais diferentes, você acredita que Deus é tão conivente em aceitar qualquer coisa? Num determinado momento da história hebraica Deus pediu que aqueles que o adoravam afastassem deles o barulho de suas canções porque Ele não os aceitaria (Amós 5:23).

Estaria Deus nos dias de hoje aceitando muitos "barulhos" chamados de música? Não! Muito do que é feito supostamente para Deus Ele não pode aceitar, assim como Ele não aceitou as frutas que Caim ofereceu, mesmo que aparentemente com as melhores das intenções. Ter boas intenções não é o bastante quando Deus deixa muito bem claro o que Ele quer e como quer.

Até mesmo o sacrifício de animais que Deus ordenou como uma prefiguração da morte de Seu Filho, mesmo uma prática correta, estava sendo realizada da forma errada (1 Samuel 15:22; Oséias 6:6; Miquéias 6:6-8; Malaquias 1:6-14).

Adoração verdadeira ou falsa adoração, de uma forma ou de outra, envolve cada um de nós. Qual delas estamos praticando? Uma coisa é fato: ninguém vai achar que está do lado errado. Mas temos um padrão para descobrir isso: as sagradas Escrituras.

Como temos feito até aqui, usando a Bíblia, temos demonstrado que esse sempre foi o ponto a ser considerado, mas por muitos ignorado: adoração.

Deus nunca autorizou o uso de imagens, esculpidas ou desenhadas, no contexto de adoração a Ele. A Bíblia é farta de textos que demonstram isso claramente, por mais que muitos os ignorem.

No entanto, muitos dão desculpas ou justificativas para venerar imagens, dizendo que isso é arte, que é apenas para lembrar, ilustrar, que não estão adorando, etc. Mas o que diz o mandamento relativo a isso, o segundo mandamento da Lei de Deus?

"Não farás para ti imagem de escultura, nem figura alguma do que há em cima no céu, nem embaixo na terra, nem nas águas debaixo da terra. Não as adorarás, nem lhes darás culto, porque eu, Jeová, teu Deus, sou Deus zeloso, que visito a iniquidade dos pais nos filhos, na terceira e quarta geração daqueles que me aborrecem, e uso de misericórdia até mil gerações daqueles que me amam e guardam os meus mandamentos." Êxodo 20:4-6; Tradução Brasileira.

O mandamento é claro não é mesmo? Desrespeitando o claro mandamento da santa Lei de Deus, seu povo foi se envolvendo com a adoração de imagens, transgredido sua clara ordenança, razão pela qual foram punidos como diz o mandamento, e deportados para a Babilônia, onde continuaram a adorar imagens, como vimos anterior- mente.

No entanto, os religiosos de hoje em dia não têm se comportado melhor que o rebelde povo de Jeová nos tempos antigos. Pelo contrário, têm ignorado passagens claras das Escrituras Sagradas, Escrituras essas que professam seguir. Vamos citar alguns desses textos adiante:

"Não fareis para vós ídolos, nem vos levantareis imagem de escultura, nem coluna, nem na vossa terra poreis pedra com figuras, para vos prostrardes diante dela; porque eu sou Jeová, vosso Deus." Levítico 26:1; Tradução Brasileira.

A ordem é clara, não é mesmo? Não fazer imagens nem se prostrar diante dela. Vejamos outro texto:

"Congregai-vos, e vinde; chegai-vos juntos, os que escapastes das nações; nada sabem os que conduzem em procissão as suas imagens de escultura, feitas de madeira, e rogam a um deus que não pode salvar." Isaías 45:20.

A prática de conduzir em procissão imagens de escultura é mais antiga do que muitos pensam. Como vimos, em sua época o profeta Isaías já condenava esse costume idólatra. No entanto, isso é prática muito comum e tida como correta por muitas pessoas que pensam estar adorando o verdadeiro Deus mas, como vimos no texto de Isaías, eles não sabem o que estão fazendo.

Vejamos outro texto esclarecedor sobre o contraste entre a falsa e a verdadeira adoração quanto à alguns tipos de deuses falsos e ao Deus verdadeiro:

"A quem, pois, podeis assemelhar a Deus? Ou que figura podeis comparar a ele? A imagem esculpida, o artífice a funde, o ourives a cobre de ouro e forja para ela cadeias de prata. Quem se acha sem recursos para fazer uma tal oferta, escolhe uma madeira que não se corrompa; procura para si um artífice perito para erigir uma imagem esculpida que não se possa mover. Acaso, não sabeis? Acaso, não ouvis? Não se vos tem sido notificado desde o princípio? Não tendes entendido desde as fundações da terra? É ele o que está sentado sobre a redondeza da terra, cujos habitantes são como gafanhotos; é ele o que estende os céus como uma cortina e os desenrola como uma tenda, para neles habitar; é ele o que reduz a nada os príncipes e torna em caos os juízes da terra. Na verdade, não foram semeados; não foram mesmo semeados; não se arraigou o seu tronco; demais, ele assopra, eles se secam, e a tempestade os leva como palha. A quem, pois, me assemelhareis, para que eu lhe seja igual? – diz o Santo. Levantai ao alto os vossos olhos e vede. Quem criou estes? Foi aquele que faz sair um por um o exército deles, ele o chama a todos pelos seus nomes; por ser ele grande em força e forte em poder, nem um só vem a faltar. Porque dizes, ó Jacó, e falas, ó Israel: O meu caminho está escondido a Jeová, e o meu juízo passa desapercebido ao meu Deus? Acaso, não sabes? Acaso, não ouves? O sempiterno Deus, Jeová, Criador dos fins da terra, não desfalece, nem se cansa; não se pode esquadrinhar o seu entendimento. Ele dá força ao cansado e aumenta fortaleza ao que se acha debilitado. Os jovens desfalecerão e se cansarão, e os mancebos cairão; porém os que esperam em Jeová renovarão as suas forças; subirão com asas como águias; correrão e não se cansarão; andarão e não desfalecerão." Isaías 40:18-31; Tradução Brasileira.

Como vimos nesse belíssimo texto de Isaías comparar Jeová com figuras ou imagens esculpidas é um grave erro. No entanto, muitos pensam estar adorando a Deus se curvando diante de imagens e esculturas. Essa não é uma adoração verdadeira, mas, uma adoração falsa e não aceitável a Deus. *"Eu sou o Jeová, este é o meu nome; a minha glória, não a darei a outrem, nem o meu louvor, às imagens de escultura."* Isaías 42:8; Tradução Brasileira.

No entanto, muitos estão se voltando para imagens esculpidas para adorar a Deus através delas, ou para venerar outros santos do passado e rogar sua intercessão junto a Deus, mas isso não é próprio na verdadeira adoração, e sim na falsa, pois a Bíblia diz:

"Porque há um só Deus, e um só Mediador entre Deus e os homens, Jesus Cristo homem." 1 Timóteo 2:5.

Aqueles que insistem nessa adoração contrária às Escrituras Sagradas estão transgredindo o segundo mandamento da Lei de Deus (Êxodo 20:4-6) e consequentemente toda a Lei, pois quem tropeça em apenas um ponto é culpado de todos (Tiago 2:10-11).

Existem muitos outros textos nas Escrituras que dão testemunho do erro de se utilizar figuras ou imagens de escultura na adoração (Êxodo 32:1-8; Números 25:1-3; Deut. 7:25; 11:16; Juízes 3:7-8; 1 Reis 12: 25-33; 16:30-33; 2 Reis 17:9-20; Isaías 40: 19; 44:10; 46:6; Jeremias 10:2-15; 50:38; 51:17; Ezequiel 7:20; 8 e 9; 16:17; 22:3-4; Daniel 5:22-23; Oséias 8:1-4; 13:2-4; Habacuque 2:18-19; Rom. 1:22-23; Atos 17:29; 1 Coríntios 10:14-21; etc.).

Neste livro apresentamos apenas alguns exemplos para demonstrar que esse tipo de adoração não é aprovado por Deus. As imagens esculpidas que Ele ordenou serem fabricadas (Êxodo 37:1-9; Números 21:4-9;) não deveriam ser adoradas ou veneradas como muitos costumam citar para justificar a veneração de imagens, mas tinham outras finalidades, não a de veneração (adoração).

Como dissemos, existem muitos outros textos bíblicos que poder ríamos comentar, alguns dos quais talvez certos leitores poderão até pensar que faltou serem abordados aqui. Outros leitores, do contrário, poderão até pensar que os textos utilizados e comentados neste livro são exagerados e impróprios, não se aplicando ao caso deles, e persistirão na veneração de imagens.

No entanto, temos consciência que a vastidão da Palavra de Deus é muito abrangente para esgotarmos o assunto. Por outro lado, entendemos que algumas pessoas têm hábitos religiosos longamente mantidos, o que dificulta seu entendimento e aceitação do correto contexto de adoração que estamos abordando aqui.

Mas, se alguém deseja realmente fazer a vontade de Deus, adorando-O, não conforme sua religião determina, precisa buscar pessoalmente dEle se o que está escrito aqui é meramente a opinião de um autor, ou um conjunto de mensagens bíblicas idôneas que demonstram o contraste entre o verdadeiro e o falso, mesmo que para isso seja necessário fazer uma releitura do livro.

Hananias (Sadraque), Mizael (Mesaque) e Azarias (Abednego), no entanto, foram fiéis em terra estrangeira e não se curvaram à idolatria, como seus conterrâneos fizeram. Eles foram honrados por Deus com a presença de Seu próprio Filho que foi enviado para ficar com eles na fornalha, e o fogo não teve nenhum poder sobre eles (Daniel 3:21-25).

Devemos ser como esses homens, amigos de Daniel e mais ainda amigos de Deus, que não se curvaram a uma falsa adoração, não se inclinaram a imponente imagem de Nabucodonosor, pois sabiam que existe um Ser mais imponente que qualquer imagem, o Altíssimo e Soberano do universo.

E nós? Perante quem ou o que estamos nos curvando? Perante sistemas religiosos e o que eles nos impõem? Ou perante o Deus verdadeiro? Estamos nos curvando perante o que líderes humanos estão nos propondo? Ou perante o que Deus nos pede em sua Palavra? Nosso temor pertence a Deus ou ao clamor popular, à voz da maioria?

Nos dias de Daniel, Hananias, Mizael e Azarias, a adoração foi o que definiu tudo. Nos dias de hoje não é diferente. Muitos estão definindo seu destino eterno através de quem ou do que estão escolhendo para adorar. Nos dias desses jovens hebreus eles eram a minoria. E hoje, de que lado estamos?

Capítulo 8

Mudança de sorte

A fé dos valorosos jovens hebreus foi recompensada por Deus. Eles foram livrados e colocados em posições de honra no reino de Nabucodonosor (Daniel 3:28-30).

A fé de Daniel também sofreu duras provas, provas essas que o levou à situação não menos complicada que uma fornalha ardente. Daniel foi jogado na cova dos leões pelo "crime" de adorar ao Deus verdadeiro, orando a Ele de joelhos, enquanto homens maus fizeram de um governante um "deus" (Daniel 6:5-9).

A arrogante intenção humana de fazer de homens deuses não está extinta em nosso tempo. Muitos se sentem como verdadeiros deuses manipulando o destino de nações inteiras com suas decisões políticas.

O problema está mais na atitude de quem se deixa louvar do que dos que o fazem como no caso de Herodes, que quando o povo o honrou como um deus ele não se humilhou, mas aceitou as honrarias humanas se ensoberbecendo com tais palavras lisonjeiras (Atos 12:21-23). Aceitar honras devidas somente ao Soberano do universo fez com que Herodes morresse da pior forma, comido de bichos. Mas com certeza a atitude de quem louvou a Herodes também está totalmente contrária às orientações da Palavra de Deus e não devem ser imitadas.

Com Dario, porém, aconteceu diferente do caso de Herodes. Quem tentou colocá-lo acima do Altíssimo é quem sofreu morte terrível (Daniel 6:19-27). E Dario não se exaltou acima de Deus, mas exaltou o Deus vivo que livrara Daniel da cova dos leões de forma tão miraculosa.

Da mesma forma existem homens em posições de liderança nos governos terrestres que ainda mantêm temor ao Deus verdadeiro, sejam poucos ou muitos, isso não nos cabe julgar, mas o contraste entre os que se exaltam e os que sabem quem é o mais exaltado, o Deus eterno, é uma verdade que não podemos negar.

Fato incontestável é que até mesmo na política, como vimos nesses exemplos, o tema da adoração é evidenciado, de uma forma ou de outra com consequências simples ou trágicas.

Outra história que denota essa realidade no relato bíblico é a história de Ester, Mardoqueu e da quase extinção do povo hebreu nos dias do rei persa Assuero. Nessa história vemos claramente que o tema adoração (verdadeira x falsa) é capaz de causar drásticas mudanças, envolvendo preservação ou morte de vidas humanas, como em todas as demais histórias bíblicas vistas até aqui.

Ester era órfã de pai e mãe. Foi criada por seu primo Mardoqueu na cidadela Persa de Susã entre os exilados de Judá, que Nabucodonosor retirara de lá anos antes (Ester 2: 5-7). O contraste entre a verdadeira e a falsa adoração é claramente perceptível na linha do tempo histórica como vimos nas causas do exílio judaico e suas consequências. Essa linha do tempo histórica é perene e constante, até o fim do tempo, pois como veremos até o final desse livro, adoração continuará sendo o tema chave que definirá entre salvos e perdidos até o fim.

Ester, Mardoqueu e seus contemporâneos também não escaparam dos efeitos em se decidir a quem adorar, especialmente quando Mardoqueu decide não se curvar diante de Hamã (Ester 3:1-6) o que deixa o príncipe persa profundamente irado.

O rei Assuero havia exaltado a Hamã acima de todos os demais príncipes e todos se curvavam diante dele, coisa que Mardoqueu não fez, pois adorava somente a Deus. Isso despertou o desejo de vingança em Hamã, que intentou o mal, não somente contra Mardoqueu, mas, contra todo os judeus (Ester 3:5-6).

Não vamos aqui descrever toda a história, por isso sugerimos que os leitores interessados pesquisem as Escrituras para ler a história na íntegra no livro de Ester. Mas, o fato é que todo o destino de um povo ficou em jogo pelo capricho de apenas um homem.

Seria em nossos dias isso algo impossível de acontecer? Creio que não. E o leitor atento também poderá perceber e pesquisar que não, pois a Bíblia dá inequívocas evidências de que no fim dos tempos um homem tentaria se colocar no lugar de Deus querendo parecer Deus (2 Tessalonicenses 2:3-4).

Hamã não conseguiu destruir o povo de Deus, mas o mal que ele planejou para os fiéis adoradores caiu sobre sua própria cabeça, morrendo na própria forca que preparou para Mardoqueu (Ester 7:10).

No tempo do juízo de Deus isso também ocorrerá com o homem do pecado, com o filho da perdição de 2 Tessalonicenses 2 e ele será destruído pelo próprio Deus conforme indica a continuação do capítulo (2 Tessalonicenses 2:8).

Mas quem é esse homem do pecado, filho da perdição? Talvez você saiba, ou talvez pensa que sabe, ou nem se dá conta de quem seja. Até o final desse livro daremos mais pistas dentro da Palavra de Deus para que o leitor interessado possa identificá-lo.

Por enquanto, queremos que fique bem claro que desde Caim e Abel até o fim dos tempos na história dessa Terra o tema da adoração tem dividido as pessoas em dois polos distintos, e com as histórias bíblicas temos demonstrado isso de forma bem clara.

Nessa história que agora estamos analisando vemos claramente que os verdadeiros adoradores foram salvos de um decreto de morte forjado por Hamã. Com a intervenção da judia rainha Ester, e do jejum e oração de todos os judeus (Ester 4:16 e 9:1). Deus fez com que o mal caísse sobre os malignos e seu povo de então foi salvo da morte.

No penúltimo capítulo veremos uma profecia bíblica que relata algo semelhante a ocorrer até o fim dos tempos.

Capítulo 9

Adoração ensinada por Jesus

Não posso deixar de abordar sobre o tema adoração nos ensinos de Cristo no Novo Testamento. Jesus nos deixou ricas lições sobre a verdadeira adoração que o Pai aceita. Não abordei todas as histórias quanto a esse tema no Antigo Testamento, e com certeza não o farei também no Novo. Meu objetivo não é esgotar o tema adoração, pois o mesmo é amplo e complexo. Mas apenas pontuar algumas lições importantes.

Desde que nasceu, Jesus foi adorado, primeiramente pelos magos vindos do oriente (S. Mateus 2:11) e depois pelos pastores de ovelhas (S. Lucas 2:8-20). Esse fato nos mostra desde o início sua origem celestial.

No entanto, Jesus nunca pediu para ser adorado por ninguém. Talvez você esteja surpreso com essa afirmação, mas ela é a mais pura verdade. Jesus nunca pediu que ninguém o adorasse. Mas, isso não significa que Ele não deva ser adorado.

Por exemplo, no deserto, quando foi tentado pelo diabo, o tentador pediu que Jesus o adorasse (S. Mateus 4:8-9), e em troca ele daria a Cristo todos os reinos do mundo. Jesus não disse pretensiosamente ao diabo: "Você acha que está falando com quem? Você sabe quem é meu Pai? Eu Sou Filho de Deus! Você que deve me adorar."

Não, Jesus não deu essa pretensiosa resposta, como algumas pessoas o fazem quando confrontadas em uma situação difícil. Jesus simplesmente respondeu com o que está escrito nas Escrituras: *"Então disse-lhe Jesus: Vai-te, Satanás, porque está escrito: Ao Senhor teu Deus adorarás, e só a ele servirás."* (S. Mateus 4:10).

Mesmo quando foi adorado após sua infância, na idade adulta, Jesus nunca o foi por ter pedido, mas por ter demonstrado sua origem. Por exemplo, quando Ele conversou com o jovem que fora curado por Ele e acabara de ser expulso da sinagoga, Jesus lhe perguntou se ele cria no Filho de Deus, quando Jesus manifestou que esse "Filho de Deus" do qual Ele falava era Ele mesmo, o jovem O adorou (S. João 9:35-38).

Em outro caso, quando os discípulos de Jesus testemunharam uma grandiosa manifestação de Cristo, andando por cima do mar e acalmando a tempestade, eles disseram que Ele era verdadeiramente o Filho de Deus e o adoraram (S. Mateus 14:22-33).

Esses exemplos, e muitos outros, nos ajudam a entender que Jesus não era pretensioso como o diabo, que pediu para ser adorado. Jesus era adorado porque despertava esse desejo nos que verdadeiramente o queriam adorar por ser Ele o Filho de Deus.

Outro fato interessante nas Escrituras é que Deus, o Pai, ordena que até mesmo os anjos adorem seu Filho (Hebreus 1:6). E o Filho, por sua vez, ordena que Deus, o Pai, seja adorado (S. Mateus 4:10 e S. João 4:23). Mas, e a terceira pessoa da Trindade? Não deveria ser adorada também? Até o fim desse livro vamos obter respostas bíblicas para essa pergunta.

Por enquanto, precisamos entender que Jesus deixou muitas importantes lições quanto à verdadeira adoração e a forma correta desta ser praticada.

Uma das histórias que de forma clássica nos demonstra essa verdade é a parábola do fariseu e do publicano. Esses eram dois personagens do tempo de Cristo, que tem muito a nos dizer nos dias de hoje.

O fariseu era um indivíduo participante da liderança religiosa da época de Cristo. Esse homem era totalmente o oposto do publicano, que era um judeu coletor de impostos para o império romano. No relato da parábola, lemos assim:

"Dois homens subiram ao templo, para orar; um, fariseu, e o outro, publicano. O fariseu, estando em pé, orava consigo desta maneira: Ó Deus, graças te dou porque não sou como os demais homens, roubadores, injustos e adúlteros; nem ainda como este publicano. Jejuo duas vezes na semana, e dou os dízimos de tudo quanto possuo. O publicano, porém, estando em pé, de longe, nem ainda queria levantar os olhos ao céu, mas batia no peito, dizendo: Ó Deus, tem misericórdia de mim, pecador! Digo-vos que este desceu justificado para sua casa, e não aquele; porque qualquer que a si mesmo se exalta será humilhado, e qualquer que a si mesmo se humilha será exaltado." S. Lucas 18:10-14.

Esse contraste ainda é perceptível em nossos dias. Vemos muitos que pretensamente cumprem uma série de coisas, mas estão destituídos da verdadeira piedade. Vivem apenas uma vida de apa- rência, mas são como os fariseus, perfeitos por fora e podres por dentro (S. Mateus 23:27).

O publicano era visto com maus olhos pelos líderes religiosos da época, tanto que o fariseu se gabava de não ter nascido como um deles. Quem hoje em dia é tão desprezado pela liderança religiosa? Muitos podem estar em condição melhor que aqueles que estão supostamente ministrando a Palavra.

Muitos atenderão o chamado de Cristo à hora undécima (S. Mateus 20:9-16), ou seja, quase no fim da história desse mundo. E muitos que estavam quase salvos, ficarão eternamente perdidos, pois muitos primeiros serão últimos, e muitos últimos serão primeiros (S. Mateus 20:16).

Não é garantia de salvação meramente frequentar um templo religioso, e Jesus deixou isso muito claro ao conversar com a mulher samaritana (S. João 4:5-42). Sugiro que leia essa história, mesmo se já a conhece, pois ela nos apresenta a verdadeira adoração que é aceitável a Deus.

Essa é uma das partes mais importantes desse livro, pois nela vemos uma importante explicação de Jesus quanto à verdadeira e a falsa adoração. Quando a mulher perguntou sobre o local certo de adorar, se em Jerusalém ou se no monte onde eles estavam, Jesus respondeu que não era em nenhum dos dois locais, mas sim em espírito e em verdade (S. João 4:20-24).

Hoje vivemos em dias semelhantes, no qual as pessoas estão muito preocupadas com o local no qual Deus deve ser adorado, mas não com o tipo de adoração que elas estão prestando. Muitos pensam que tem que ser na sua igreja, na sua religião, no seu templo, do seu modo, conforme suas regras, conforme suas doutrinas, ou mesmo sem doutrinas. E assim, inúmeras denominações religiosas acreditam estar adorando verdadeiramente. Ninguém crê que está praticando a falsa adoração.

Mas precisamos aprender pela Palavra de Deus, as Escrituras Sagradas, se nossa adoração a Deus é verdadeira ou falsa, pois Jesus certa vez disse que não basta tomar o nome do SENHOR nos lábios, mas sim fazer a vontade do Pai celestial (S. Mateus 7:21).

Fato é que muitos que vivem clamando o nome do SENHOR em suas denominações não estão de fato fazendo a vontade do SENHOR, mas vivendo uma vida de faz de conta, e Jesus disse que essas pessoas vão se perder quando Ele voltar (S. Mat. 7:22-23 e 25:41).

Precisamos entender e estar dispostos a praticar aquilo que o SENHOR requer de nós. Salomão, o homem mais sábio que já houve neste mundo, disse que de tudo o que ouvimos até hoje, o mais importante é temer a Deus e guardar os seus mandamentos (Eclesiastes 12:13-14).

Muitos, porém, não estão nem aí para a obediência aos mandamentos de Deus, baseados em versículos mal compreendidos (Ex.: Colossenses 2:14 e Efésios 2:15) que aparentemente dão uma ideia que Jesus aboliu a lei dos dez mandamentos, estão ensinando que isso não mais é preciso.

Esquecem-se, porém, que Jesus disse que não veio para abolir nenhum dos mandamentos (S. Mateus 5:17-19) e que o próprio apóstolo Paulo não está naqueles versículos (Col. 2:14 e Ef. 2:15) falando de abolição dos dez mandamentos, mas da abolição da lei dos sacrifícios, ou seja, da não mais validade de sacrifícios ritualísticos, pois o Cordeiro de Deus, Jesus Cristo, já havia morrido na cruz e cumprido o verdadeiro e real sacrifício pelos nossos pecados.

É notório que Paulo sempre exaltou a lei de Deus em muitas passagens das Escrituras (Romanos 2:12-13; 3:31; 7:7 e 12; Efésios 6:2; etc.). Não falando, portanto, o apóstolo da abolição da lei moral, mas sim da cerimonial, as leis levíticas referentes aos sacrifícios de touros e bodes que por seu sangue não podem purificar pecados (Heb. 10:4).

Mas, voltando à pergunta feita pela mulher samaritana: qual é o lugar correto de se adorar? Voltamos a enfatizar, como Jesus fez, que não é o lugar, mas o adorador que é mais importante para o Pai.

Muitos estão preocupados em meramente frequentar uma religião e estar confinados durante um determinado período de tempo entre as quatro paredes de um templo religioso (seja ele qual for) e se esquecem que Deus está mais interessado com o quê ou quem está habitando dentro de nós; que deveríamos ser os verdadeiros templos para sua morada (1 Coríntios 3:17; 6:19-20; Hebreus 3:6).

No entanto, muitos, até mesmo dos líderes religiosos estão com o templo interior de sua alma contaminados com todo tipo de impureza (S. Mateus 23:24-28; Romanos 2: 21-23) enquanto aparentam uma vida de santidade. Mas Deus conhece a cada um.

Jesus disse que a adoração que Seu Pai está buscando é uma adoração espiritual e verdadeira, não uma adoração de aparência e local. Não basta ir nessa ou naquela igreja, seguindo a Deus conforme nossas próprias vontades, mas segundo a vontade dEle.

Uma adoração em espírito e em verdade (S. João 4:23) é uma adoração que ultrapassa fronteiras e paredes de templos, adoração que está disposta a seguir a verdade e não a aparência da verdade, adoração esta que está disposta a entregar o cordeiro quando é isto que Deus pede, e não frutas, como Caim, por mais que isto esteja carregado de boas intenções.

A adoração que Deus espera de nós precisa ser verdadeira, espiritual, não carnal, segundo nossas próprias inclinações e desejos egoístas, não meramente uma adoração no templo ou no monte como a mulher samaritana imaginava (S. João 4:20).

Deus quer ser adorado como Ele especifica que deve ser essa adoração, e não como nós achamos que ela deve ser. E para sabermos como Deus quer ser adorado precisamos aprender a passar tempo com Ele, estudando Sua Palavra e estando dispostos a obedecer-lhe de coração.

Jesus precisou expulsar aqueles que faziam da casa de Seu Pai um local de comércio (S. João 2:13-16 e S. Mateus 21:12-13). Aquelas pessoas se esqueceram, ou nunca aprenderam, a real finalidade daquele local e por isso passaram por aquela decepcionante situação.

Mas será que hoje as coisas estão diferentes? Os templos de hoje estão mais limpos do que o templo de Jerusalém? Infelizmente a resposta é não. Como vimos algumas páginas atrás, na época do profeta Jeremias, o povo estava se escorando na ideia de que tinham o templo do Senhor e que não precisavam temer nada.

Nos dias de hoje não está muito diferente, só se for para pior essa diferença, pois muitos se apoiam na ideia de que estão no caminho certo ao frequentar regularmente os templos de suas denominações, mas elas estão mais poluídas talvez que o templo que Jesus precisou purificar em Seus dias.

Chegará mesmo o tempo em que esses locais estarão tão poluídos, mas tão poluídos, que será necessário sair deles para não ser destruído (Apocalipse 18:1-4). Vamos entender isso melhor até o final deste livro.

Quando Estevão denunciou todos os pecados dos líderes religiosos de sua época, os sacerdotes judeus não ficaram nem um pouco satisfeitos. Quando Estevão disse que Deus não habitava em templos feitos por mãos de homens, citando as próprias Escrituras (Atos 7:48-50 conf. Isaías 66:1), e os acusou de matarem o Messias, eles ficaram irados e mataram também a Estevão por falar a verdade e denunciar o erro (Atos 7:54-60).

Esse mesmo furor que levou os sacerdotes judeus a matarem Estevão, continuou contaminando os líderes religiosos daquela época a perseguir e matar os verdadeiros adoradores, enquanto os falsos achavam que tudo aquilo era justificável.

No entanto, Jesus havia profetizado que aquilo aconteceria (S. João 16:1-3) porque aqueles que isso fizessem não conheciam ao Deus verdadeiro e ao Seu Filho. Eles poderiam até possuir um conceito de Deus, mas não conheciam o Deus verdadeiro e Seu Filho, os únicos que merecem adoração.

Por esse motivo os apóstolos e primeiros cristãos se reuniam nos lares daqueles que aceitavam o evangelho (Atos 8:3 e 16: 40; Romanos 16:3-5; 1 Coríntios 16:19; Colossenses 4:15; Filemom 1:2), pois a verdadeira igreja não precisava estar confinada às paredes magnificentes do templo judaico, e elas também não durariam muito tempo, como o próprio Jesus profetizou (S. Mateus 24:2; S. Marcos 13:2 e S. Lucas 21:6).

Contudo, não quero dizer que quem frequenta um templo religioso está perdido, mas isso tem sido cada dia que passa mais difícil de conciliar com aqueles que querem seguir a verdadeira adoração, pois as religiões tem seguido mais suas próprias tradições do que a Palavra e os Mandamentos de Deus, levando-nos a confirmar até os dias de hoje o que Jesus disse em Seu tempo:

"Este povo se aproxima de mim com a sua boca e me honra com os seus lábios, mas o seu coração está longe de mim. Mas, em vão me adoram, ensinando doutrinas que são preceitos dos homens." Mateus 15:8-9.

Uma adoração vã é uma adoração sem validade alguma. Pode

em certo sentido ser até considerada adoração pelos líderes religiosos, pela sociedade, pelos parentes, amigos e governos, mas não para Deus. Jesus estava citando o texto de Isaías 29:13, e nós percebemos que se no tempo do profeta Isaías era assim, se no tempo de Jesus era assim, na última e mais pecadora geração não seria diferente, mas sim, pior.

As religiões em nossos dias estão tão carregadas de tradições totalmente contrárias aos verdadeiros princípios da adoração, que o que elas estão a fazer é adorar seus próprios sistemas, por elas mesmas criados, do que adorar ao Deus verdadeiro e Seu Filho único. Assim como foi criada a torre de Babel para instituir um falso sistema de adoração, as religiões têm estado a criar suas torres com seus falsos sistemas de crenças, semelhantes, mas totalmente contraditórios às mais simples verdades da Bíblia.

Por exemplo, Jesus ensinou que não devemos expor em público o bem que fazemos ao próximo (S. Mateus 6:1-4). No entanto, grande parte das denominações e seus membros se deleitam em exibir suas "boas obras" diante dos homens para serem vistos e honrados por eles.

Outro exemplo é quanto às orações, que são feitas de forma exibicionista e em pé, sem a devida reverência de se prostrar de joelhos como orientado nas Escrituras (1Reis 8:54; 2 Crônicas 29:28-30; Salmos 95:6; Daniel 6:10; S. Lucas 22:41; Atos 20:36 e 21:5; Efésios 3:14; Filipenses 2:10).

Mas hoje impera o desrespeito das orações em pé dos hipócritas modernos (S. Mateus 6:5), que acham que mandam e Deus é obrigado a lhes obedecer. Essas tradições e costumes deturpados, totalmente em desacordo com os simples e claros ensinamentos da Palavra de Deus, têm feito com que a adoração ensinada e praticada nas religiões vigentes seja totalmente em vão (S. Mat. 15:9).

Você quer continuar adorando a Deus em vão? Porque então não se decide a romper com essas práticas, mesmo que isso lhe custe ser expulso dos templos? Pois foi isso que aconteceu comigo quando decidi romper com a tradição e ficar com a adoração em espírito e em verdade, como Jesus orientou à mulher samaritana.

Quando entendi que não havia como conciliar o *assim diz o* Senhor com o *assim diz o pastor*, tive que fazer uma escolha. Quando descobri que era impossível conciliar o *assim diz a Palavra* com o assim diz a igreja, tive que escolher o que é correto, mesmo que isso resultasse em ser expulso da "sinagoga" como Jesus havia profetizado que aconteceria (S. João 16:1-3).

Nesse ponto não existe meio termo, pois se a Bíblia orienta a obedecermos aos pastores (Hebreus 13:17), mais importante ainda é obedecer a Deus que aos homens (Atos 5:29), ainda mais homens desviados da verdade (Tito 1:14); e se congregar é importante (Hebreus 10:25) mais importante é estar congregando com dois ou três em nome de Jesus do que estar congregando em grande número de pessoas que seguem um falso sistema de adoração (Mat. 18:20).

Jesus ensinou que a verdadeira adoração é ao Seu Pai, e quando Ele mesmo foi adorado não disse que isso era errado. No entanto, Jesus nunca ensinou que devemos adorar um deus composto por três pessoas (a famigerada *Trindade*).

Entretanto, a maioria esmagadora das religiões ensinam que devemos adorar um Deus triúno ou trino, enquanto que na Bíblia somos orientados a adorar um Deus único e Seu Filho único.

Vamos entender isso um pouco melhor com referências bíblicas. Certa vez um fariseu perguntou a Jesus qual era o maior dos mandamentos, vamos ler este relato na íntegra no texto a seguir:

"Aproximou-se dele um dos escribas que os tinha ouvido disputar, e sabendo que lhes tinha respondido bem, perguntou-lhe: Qual é o primeiro de todos os mandamentos? E Jesus respondeu-lhe: O primeiro de todos os mandamentos é: Ouve, Israel, o Senhor nosso Deus é o único Senhor. Amarás, pois, ao Senhor teu Deus de todo o teu coração, e de toda a tua alma, e de todo o teu entendimento, e de todas as tuas forças; este é o primeiro mandamento. E o segundo, semelhante a este, é: Amarás o teu próximo como a ti mesmo. Não há outro mandamento maior do que estes.

E o escriba lhe disse: Muito bem, Mestre, e <u>com verdade disseste que há um só Deus</u>, e que não há outro além dele; E que amá-lo de todo o coração, e de todo o entendimento, e de toda a alma, e de todas as forças, e amar o próximo como a si mesmo, é mais do que todos os holocaustos e sacrifícios. E Jesus, vendo que havia respondido sabiamente, disse-lhe: Não estás longe do reino de Deus. E já ninguém ousava perguntar-lhe mais nada." S. Marcos 12:28-34; (grifos acrescentados).

Note que nesse ponto Jesus e os fariseus estavam em perfeito acordo, pois assim como estes criam que Deus é único e não triúno, Jesus cria que Deus Pai era e continua sendo o único Deus. Veja esse outro texto:

"Jesus falou assim e, levantando seus olhos ao céu, e disse: Pai, é chegada a hora; glorifica a teu Filho, para que também o teu Filho te glorifique a ti; Assim como lhe deste poder sobre toda a carne, para que dê a vida eterna a todos quantos lhe deste. E a vida eterna é esta: que te conheçam, <u>a ti só, por único Deus verdadeiro, e a Jesus Cristo, a quem enviaste</u>." S. João 17:1-3; (grifos acrescentados).

Claro, não é mesmo? No entanto muito acreditam que Jesus falava isso simbolicamente, ou que falava isso em oposição aos falsos deuses, ou até mesmo creem que a palavra *único* aqui é uma unidade composta, mas não há como negar ou deturpar, sem culpa, um texto tão claro em que numa oração ao Pai, Jesus afirma que Ele é o único Deus verdadeiro, e quem crer nisso e crer nEle como Seu Filho enviado é questão de vida eterna, de salvação.

No entanto, um deus forjado nos concílios ecumênicos da antiguidade se fortaleceu tanto nos conceitos religiosos que ganhou status de Deus verdadeiro e continua até hoje a ser adorado ignorantemente nas mais variadas religiões cristãs e até mesmo pagãs, pois o deus triúno não é ideia original do cristianismo, mas ideia por ele importado do paganismo.

No entanto, nos ensinos de Jesus não existe um jota ou um til de apoio a esse falso deus que é amplamente adorado há muitos anos. Pelo contrário, Jesus afirma em muitos textos que Deus é único e não triúno, mas as religiões dizem que Ele é único e triúno.

Essa palavra *triúno* nem mesmo existe nas Escrituras se referindo a Deus, mas foi forjada para sustentar uma mentira, e se fortaleceu ao longo dos anos através da tradição, que como vimos tem levado muitos a adorar a Deus em vão (S. Mateus 15:9).

Aliás, não somente essa palavra (*triúno*), mas muitas outras, tais como: *Trindade, Deus trino, Deus Filho, Deus Espírito Santo, coeterno, coigual, consubstancial, onisciente, onipresente etc.*).

Todos esses termos estão de uma forma ou de outra associados ao dogma da Trindade, no entanto nenhuma delas estão nas Sagradas Escrituras, mas apenas nos livros de crenças religiosos.

Desafio o leitor interessado a fazer essa pesquisa em um site de Bíblia na internet ou até mesmo em um aplicativo de celular. Colocando as palavras que mencionei no espaço de busca desses programas, terás a decepção ou a grata confirmação de ratificar o que lhes escrevo.

Não quero enganar você, mas a verdade é que muitas pessoas gostam de ser enganadas, por isso Deus permite que a operação do erro (2 Tess. 2:11-12) os mantenha presos na mentira, porque eles não quiseram crer na verdade. Essa é, infelizmente, a condição de muitos religiosos que se enganam com uma falsa adoração.

Mas se você que lê este livro nesse momento, se não quer continuar enganado, faça como eu fiz, pesquise por si mesmo, não dependa do seu pastor, padre, bispo, ou outro homem qualquer. Sugiro que até mesmo se questione e questione o que lhe foi ensinado ao longo dos anos, se aprofundando no estudo da Bíblia, porque ninguém terá desculpas ao se perder com a verdade das Escrituras em suas mãos.

Outro texto que Jesus citou quanto ao Deus único é: *"Como podeis crer, vós os que aceitais glória uns dos outros e, contudo, não procurais a glória que vem do Deus único?"* S. João 5:44; ARA.

Você é uma pessoa que busca glória de outras? Gosta de elogios? De reconhecimento? Talvez por um talento de cantar, pregar a Palavra, ou mesmo escrever. Deixa que essas coisas lhe subam à cabeça e lhe envaideça? Cuidado, pois muitos religiosos do tempo de Cristo agiram assim e desprezaram o Deus único que era e continua sendo digno de toda glória ao lado de Seu Filho (Apocalipse 4:11; 5:12; 5:13; 7:10).

Vivemos no tempo do estrelismo gospel, dos apóstolos que não são apóstolos, mas são mentirosos e fraudulentos (2 Coríntios 11:13; Apocalipse 2:2) e dos crentes que não são melhores do que o próprio diabo e seus anjos, pois estes também são crentes, pois creem que Deus existe e que é um só, inclusive (Tiago 2:19).

Mas isso não precisa continuar assim, pelo menos na sua vida, se é que você deseja romper com todo o falso sistema de adoração e se tornar um verdadeiro adorador.

Continue lendo, se é isso que você deseja.

Capítulo 10

Declaração universal de adoração

Jesus foi um grande mestre. Nos ensinou que o Seu Deus, e o Seu Pai, também é o nosso Deus e o nosso Pai (S. João 20:17). Nos ensinou que ele não era *onipotente* e *coigual* ao Seu Deus e Seu Pai (S. João 14:28; 13:16; 17:3), nos ensinou que o Seu poder lhe foi outorgado pelo Pai, sendo Este a fonte de todo o poder (S. Mateus 28:18; S. João 14:10; Atos 1:6-7).

No entanto, muitos não entendem os ensinamentos de Jesus, ou os interpretam de forma diferente do que Ele de fato ensinou, razão pela qual existem muitas religiões professando seu nome.

Como temos defendido neste livro, somente os verdadeiros adoradores são aceitos no que fazem para Deus, assim como Abel e não Caim. Mas muitos estão achando que O adoram de fato.

Quero, neste capítulo, considerar o contraste entre a verdadeira e a falsa adoração nas cenas finais da história dessa terra. Tudo foi profetizado nas Escrituras, especialmente no livro do apóstolo João, chamado Apocalipse.

Neste livro podemos observar revelações importantes a respeito do tema adoração, fazendo comparações com tudo que já estudamos até agora sobre este assunto.

No princípio do livro descobrimos fatos importantes quanto à hierarquia celestial, ou seja, a existência de ordem e variação de poder nas cortes celestiais. Lemos assim no primeiro verso de Apocalipse:

"Revelação de Jesus Cristo, a qual Deus lhe deu, para mostrar aos seus servos as coisas que brevemente devem acontecer; e pelo seu anjo as enviou, e as notificou a João seu servo." Apocalipse 1:1.

Se analisarmos devidamente esse primeiro versículo de Apocalipse já conseguimos perceber que não existe uma terceira pessoa de uma suposta *Trindade* a participar do processo de entrega da revelação desse livro, ou seja, o Apocalipse chegou até João seguindo a sequência: Deus – Jesus Cristo – anjo – João. Este, por sua vez, passou a mensagem às sete igrejas (Apoc. 1:4).

Porque no processo de entrega dessa revelação a suposta terceira pessoa da *Trindade* não aparece? Simplesmente porque o Espírito Santo não é a terceira pessoa da *Trindade* como muitos creem.

Ao longo de todo o livro do Apocalipse veremos Pai e Filho como os únicos dignos de adoração, tanto no céu, quanto na Terra, tanto por seres humanos, quanto por seres angelicais.

Isso é algo que as mais variadas denominações do Cristianismo não ensinam, pois defendem a adoração de um *deus triúno* que não aparece em nenhum lugar das Escrituras. Você poderia estar pensando: mas a Bíblia não fala do Pai, Filho e Espírito Santo? Sim, a Bíblia está cheia de citações a eles, mas em nenhum momento ela autoriza adorarmos o Espírito Santo como uma terceira pessoa divina. Como já dissemos anteriormente, a Bíblia indica que apenas Deus o Pai e Seu Filho unigênito devem ser adorados e são dignos de toda a honra, louvor, glória e adoração.

No último livro da Bíblia, escrito pelo último apóstolo vivo de Jesus Cristo, a verdade da adoração é ainda mais evidente. É sobre isso que vamos tratar nesse capítulo e sobre o contraste final entre os verdadeiros e falsos adoradores.

Algumas pessoas discordam totalmente do que afirmo aqui, e ainda apontam versos logo em seguida ao que apresentei para justificar a doutrina *Trinitária* neste texto. Quando o verso quatro do primeiro capítulo de Apocalipse cita os *sete espíritos*, muitos veem aí uma evidência do Espírito Santo, entendendo o número sete como um número simbólico representando a perfeição.

No entanto, se usarmos essa forma de interpretação, também

teremos que entender os sete selos, as sete igrejas, as sete trombetas, sete pragas, tudo como números simbólicos, e não nessa exata quantidade, o que não é verdade como pode-se perceber ao ver detalhado no livro apocalíptico a descrição de cada um dos sete itens citados.

O que seriam então os *sete espíritos*? Alguns entendem como sendo sete anjos, pois a palavra *espírito* também pode ser usada para anjos (Hebreus 1:13-14). Outros creem que seja os sete atributos espirituais mencionados em Isaías 11:1-2. De qualquer forma, uma coisa é certa: os *sete espíritos* não é uma referência ao Espírito Santo. E mesmo que fosse, porque ele é citado no verso 4 e não aparece no processo de entrega da mensagem do Apocalipse a João no verso 1? Fica, portanto, evidente que ele não é uma pessoa divina digna de adoração, não somente por esses versos, mas por muitos outros que veremos mais adiante.

O verso seis é praticamente uma citação de adoração, que diz: *"E nos fez reis e sacerdotes para Deus e seu Pai; a ele glória e poder para todo o sempre. Amém."* Apocalipse 1:6. Como percebemos, nesse verso é dito *"a ele"* e não *"a eles"*. E o sujeito da frase é o Pai, que nesse verso aparece como o único Deus e Pai de Jesus Cristo.

No entanto, o Pai de nosso Senhor Jesus Cristo não é o único que aparece no livro de Apocalipse como digno de receber adoração. O Cordeiro de Deus, Aquele que por nós verteu seu sangue aparece nas páginas do último livro da Bíblia como sendo digno de adoração juntamente com o Pai.

O Espírito Santo, porém, não aparece como uma terceira pessoa da *Trindade* recebendo adoração juntamente com Deus o Pai e Seu Filho unigênito. Por que isso não aparece no livro de Apocalipse e nem em todas as demais Escrituras?

Simplesmente porque a "terceira pessoa" não existe. O texto mais favorável a essa suposta terceira pessoa se encontra na primeira epístola de João (1 João 5:7-8).

Esse texto não se encontra mais em várias Bíblias como a Nova

Versão Internacional (NVI), a Bíblia de Jerusalém (BJ), Bíblia TEB (Tradução Ecumênica da Bíblia) e uma série de outras traduções e versões que preferiram retirar as citações *"no céu: o Pai, a Palavra e o Espírito Santo; e estes três são um. E três são os que testificam na terra"* (1 João 5:7-8).

Isso foi feito porque se descobriu que essas palavras foram um acréscimo posterior, não aparecendo em nenhum outro manuscrito anterior ao século XII.

Isso fica facilmente compreensível quando vemos que o apóstolo João menciona várias vezes apenas o Pai e o Filho no contexto de adoração. Veja os exemplos:

"O que vimos e ouvimos, isso vos anunciamos, para que também tenhais comunhão conosco; e a nossa comunhão é com o Pai, e com seu Filho Jesus Cristo." 1 João 1:3.

"Quem é o mentiroso, senão aquele que nega que Jesus é o Cristo? É o anticristo esse mesmo que nega o Pai e o Filho. Qualquer que nega o Filho, também não tem o Pai; mas aquele que confessa o Filho, tem também o Pai. Portanto, o que desde o princípio ouvistes permaneça em vós. Se em vós permanecer o que desde o princípio ouvistes, também permanecereis no Filho e no Pai." 1 João 2:22-24.

Como vimos, a verdadeira comunhão é com o Pai e o Filho, e não com um *Deus trino* (ou triúno como muitos dizem). Outro detalhe importante nos escritos de João é que negar a existência da *Trindade* não é o grande problema. A grande mentira é negar o Pai e o Filho, nem que para isso introduza-se no meio uma *"terceira pessoa"*, que muitos creem ser o "Deus Espírito Santo" da doutrina da *Trindade*.

Entretanto, a Bíblia nunca chama o Espírito Santo de *"Deus Espírito Santo"*, mas sim, de Espírito de Deus. Por isso que o Espírito Santo em nenhuma passagem das Escrituras aparece recebendo adoração. Nem o Pai nem o Filho ordenam que se adore o Espírito Santo. Já Deus o Pai ordena que se adore Seu Filho Jesus Cristo (Hebreus 1:6) e Jesus por sua vez ordena que se adore Deus o Pai

(Mateus 4:10). Desafio qualquer leitor a encontrar alguma referência bíblica que ordena adorar a uma suposta terceira pessoa de uma *Trindade*. Esse texto não existe nas Escrituras.

Como temos abordado nesse livro o tema adoração, fica patente a verdade de que a grande maioria das religiões convencionais tem ensinado uma espécie de adoração que aparentemente é verdadeira, mas não passa de aparência, pois a comunhão que propõe é com um *deus triúno*, e não com o Pai e o Filho como citado em 1 S. João 1:3.

Qual tipo de adoração que você, leitor, vai continuar praticando? Essa é uma pergunta muito importante se você se preocupa com sua salvação. A Bíblia é a única que pode lhe dar essa resposta com certeza de não ser enganado por homem ou instituição alguma, confirme sua resposta pessoal em todos os textos que temos apresentado até aqui, e nos próximos.

Voltando ao livro de Apocalipse, somos informados pela revelação divina que adoração é algo sério, abrangente e destinado aos únicos seres do universo dignos disso, sendo, portanto, os únicos que devem ser adorados. No capítulo quatro de Apocalipse aparece o primeiro Ser digno de receber adoração, no capítulo cinco aparece o segundo Ser que também é digno de ser adorado, e no final do capítulo cinco aparecem os dois sendo mencionados juntamente nessa declaração universal de adoração.

"E os quatro animais tinham, cada um de per si, seis asas, e ao redor, e por dentro, estavam cheios de olhos; e não descansam nem de dia nem de noite, dizendo: Santo, Santo, Santo, é o Senhor Deus, o Todo-Poderoso, que era, e que é, e que há de vir. E, quando os animais davam glória, e honra, e ações de graças ao que estava assentado sobre o trono, ao que vive para todo o sempre, Os vinte e quatro anciãos prostravam-se diante do que estava assentado sobre o trono, e adoravam o que vive para todo o sempre; e lançavam as suas coroas diante do trono, dizendo: Digno és, Senhor, de receber glória, e honra, e poder; porque tu criaste todas as coisas, e por tua vontade são e

foram criadas." Apocalipse 4:8-11.

Como vimos no primeiro texto que citamos do capítulo quatro de Apocalipse, o primeiro ser que aparece na declaração universal de adoração é o Deus Todo-Poderoso, o Pai, Aquele que está assentado no trono e vive para todo o sempre.

A Bíblia é muito simples de se entender quando o assunto é adoração, como temos visto até agora, apesar de muitos adorarem um deus trino, sem que tal deus apareça nas Escrituras como devendo ser adorado. Agora veremos quem é o segundo a ser também digno de adoração e por qual motivo isso deve acontecer.

"E olhei, e ouvi a voz de muitos anjos ao redor do trono, e dos animais, e dos anciãos; e era o número deles milhões de milhões, e milhares de milhares, Que com grande voz diziam: Digno é o Cordeiro, que foi morto, de receber o poder, e riquezas, e sabedoria, e força, e honra, e glória, e ações de graças." Apocalipse 5:11-12.

Igualmente vemos que existe outro Ser que, como Deus nosso Pai é digno de ser adorado porque morreu por nós, pela nossa salvação. Esse Ser é o Senhor Jesus Cristo, o Cordeiro de Deus (S. Jo 1:29 e 36). Isso entra em choque com algumas ideias unitaristas que afirma que somente um Ser, Deus Pai, que precisa ser adorado.

Vemos, no entanto, algumas diferenças entre estes dois Seres que a Bíblia aponta como devendo ser adorados. Um é declarado como vivendo por todo o sempre, o outro é declarado como tendo sido morto. Isso está em total concordância com uma declaração de Paulo a respeito de ambos, Pai e Filho, Deus e o Cordeiro, no tocante a ser o Pai o único que possui a imortalidade e que será revelado na volta de Jesus, combinando com a declaração de Apocalipse que o Todo-Poderoso também é Aquele *"há de vir"* (Apoc. 4:8):

"Mando-te diante de Deus, que todas as coisas vivifica, e de Cristo Jesus, que diante de Pôncio Pilatos deu o testemunho de boa confissão. Que guardes este mandamento sem mácula e repreensão, até à aparição de nosso Senhor Jesus Cristo; A qual a seu tempo

mostrará o bem-aventurado, e único poderoso Senhor, Rei dos reis e Senhor dos senhores; Aquele que tem, ele só, a imortalidade, e habita na luz inacessível; a quem nenhum dos homens viu nem pode ver, ao qual seja honra e poder sempiterno. Amém." 1 Tim. 6:13-16.

É possível perceber claramente a distinção entre ambos. Um morreu, o outro é imortal. Um foi visto, o outro é invisível. No entanto, ambos virão à esta Terra para juízo e retribuição, tanto aos ímpios quanto aos justos, e um (Jesus) revelará o outro (Deus Pai).

Portanto, a revelação apocalíptica com a declaração universal de adoração deve ser respeitada e obedecida por todos aqueles que querem adorar em espírito e em verdade, pois é essa a adoração que o Pai deseja (S. João 4:23-24). Quem adora um *Deus trino*, estranho à revelação das Escrituras, está adorando o que não sabe. O Espírito Santo existe, mas não é a terceira pessoa de uma *Trindade* digna de adoração. É um dom vindo do próprio Deus, pois dEle procede (S. Lucas 24:49; S. João 15:26; Atos 2:33 e 38).

O apóstolo e profeta S. João, então, desterrado na solitária ilha de Patmos conclui dessa forma a declaração universal de adoração aos únicos Seres dignos disso, vejamos:

"E ouvi a toda a criatura que está no céu, e na terra, e debaixo da terra, e que estão no mar, e a todas as coisas que neles há, dizer: <u>Ao que está assentado sobre o trono, e ao Cordeiro</u>, sejam dadas ações de graças, e honra, e glória, e poder para todo o sempre. E os quatro animais diziam: Amém. E os vinte e quatro anciãos prostra- ram-se, e adoraram ao que vive para todo o sempre." Apocalipse 5:13-14 (grifos acrescentados).

Quem poderá lutar contra essa verdade universal? Verdade essa clara e patente à todos os seres do espaço infinito? No entanto, um ser rebelde, que foi expulso do céu tem lutado contra essa verdade, mas ele já está derrotado (Apoc. 12:7-12).

Porém, mesmo derrotado, ele continua mantendo inúmeras pessoas presas no engano de que existe uma *Trindade* a ser adorada. Para isso ele se serve do "homem do pecado" que já mencionamos no capítulo "Mudança de sorte". O homem do pecado é aquele que é o cabeça na apostasia, que lidera os demais seres da terra na rebelião contra os mandamentos de Deus.

A Bíblia declara que o pecado é a transgressão da lei (1 João 3:4), sendo assim, o "homem do pecado" é aquele que não somente a transgride, mas é um grande líder religioso mundial que promove essa transgressão, sobretudo de forma velada, com aparência de piedade (2 Timóteo 3:5).

Esse homem tem sido substituído século após século na dita "sucessão apostólica", no entanto, nenhum dos apóstolos ensinaram a desobediência à lei de Deus.

O "homem do pecado", porém, ensina não somente a se adorar uma *Trindade*, como ensina que o dia de descanso é o domingo e não o sábado. Na lei de Deus, porém, lemos no primeiro mandamento: *"Não terás outros deuses diante de mim."* (Êxodo 20:3).

Se Deus fosse *triúno*, como muitos creem por ter sido erroneamente ensinados, o mandamento seria: *"Não terás outros deuses diante de nós."* Porém não é isso que Deus escreveu com Seu dedo em tábuas de pedra. Os homens podem escrever o que quiserem em seus livros religiosos. O que Deus escreveu em pedra, porém, é imutável, servindo até hoje e por toda a eternidade, pois o salmista disse que a lei de Deus é eterna (Salmo 139:151-152). O próprio Filho de Deus obedeceu a lei de Seu Pai (S. João 15:10) e disse que nenhuma letra deveria ser retirada da lei, antes obedecida (S. Mateus 5:17-19).

O "homem do pecado", também chamado pelo apóstolo Paulo de "filho da perdição" (2 Tessalonicenses 2:3) assumindo-se como o "Vigário do Cristo" na terra, não somente transgride os mandamentos, como mantém a adulteração que foi feita neles por seus antecessores, adulteração essa que fora profetizada pelo profeta Daniel (7:25) que aconteceria. Por isso vemos as igrejas ditas cristãs seguindo e praticando uma adoração que o próprio Cristo nunca ensinou.

Quando o profeta Daniel fez essa predição, o poder representado pelo "homem do pecado" não existia. Quando o apóstolo Paulo também pronunciou seu vaticínio, esse poder apóstata ainda não havia aparecido, mas surgiria de um poder já dominante: o império romano. E isso foi uma questão de tempo. Poucos anos após surgiu um poder político e religioso que ousou mudar a lei de Deus, removendo o Ancião de dias (Daniel 7:9 e 13) de sua supremacia e colocando em seu lugar uma *Trindade* de deuses para serem adorados.

Removeu também o sábado como dia de descanso instituído por Deus na criação (Gênesis 2:1-3) e como mandamento da lei de Deus (Êxodo 20:8-11) para estabelecer o dia do sol (Sunday) como dia de descanso para toda a cristandade. Tudo isso aconteceu no Concílio de Nicéia em 325 d. C. e é fartamente conhecido na história geral.

Dessa forma, ao longo dos anos, esse poder político e religioso se consolidou, com uma falsa adoração, e com a perseguição e extermínio dos verdadeiros adoradores. Assim como Caim, o primeiro falso adorador matou seu irmão, o sistema papal assassinou muitos verdadeiros adoradores na idade média. Mas Deus sempre manteve alguns remanescentes sustentando Sua verdade eterna.

Esse é um breve resumo da história, mas todos aqueles que não tiverem conhecimento de como tudo isso aconteceu podem consultar diversos livros de história que revelam esses acontecimentos.

Nas Escrituras temos informações suficientes para formar nossos conceitos de adoração, para saber quem deve ser e quem não deve ser adorado. No entanto, além de ensinar adoração a um *deus* inexistente nas Escrituras, o "homem do pecado" aceita, ele próprio, adoração, ao permitir que outros homens lhe prestem reverência. Essa reverência é um "direito" adquirido por tradição ao longo de toda a história daqueles que assumiram a função de bispo de Roma.

No entanto, Paulo, o apóstolo romano não aceitou nenhuma reverência quando o quiseram adorar (Atos 14). Comportamento diferente daqueles que são chamados de "Padres" e "Papas", pois aceitam honrarias e reverências que entram em choque com as mais claras declarações de nosso Senhor Jesus Cristo, que disse aos apóstolos:

"Vós, porém, não queirais ser chamados Rabi, porque um só é o vosso Mestre, a saber, o Cristo, e todos vós sois irmãos. E a ninguém na terra chameis vosso pai, porque um só é o vosso Pai, o qual está nos céus. Nem vos chameis mestres, porque um só é o vosso Mestre, que é o Cristo." S. Mateus 23:8-10.

As palavras "Padre" e "Papa" são expressões no idioma italiano que significam "pai", e os mesmos estão em uma posição de "pais espirituais" para uma comunidade de crentes que deveriam ter apenas a Deus como Pai e apenas a Jesus como mestre.

Esse, porém, não é um erro exclusivo do catolicismo, os protestantes (que não mais protestam), também chamados de evangélicos, prestam honra aos seus líderes que lhes ensinam a adorar um *deus triúno*. Esses mestres são pastores que nada compreendem (Isaías 56:11) e são muitas vezes mestres e doutores em teologia, no entanto a Palavra de Deus deles diz:

"Conjuro-te, pois, diante de Deus, e do Senhor Jesus Cristo, que há de julgar os vivos e os mortos, na sua vinda e no seu reino, que pregues a palavra, instes a tempo e fora de tempo, redarguas, repreendas, exortes, com toda a longanimidade e doutrina. Porque virá tempo em que não suportarão a sã doutrina; mas, tendo comichão nos ouvidos, amontoarão para si doutores conforme as suas próprias concupiscências; E desviarão os ouvidos da verdade, voltando às fábulas." 2 Timóteo 4:1-4.

A verdade de que Deus o Pai e Seu Filho unigênito são os únicos dignos de serem adorados, é insuportável à muitos ouvidos e aos olhos de muitos leitores. Mas como vimos nessa profecia do apóstolo Paulo isso realmente aconteceria com um povo que se cercaria de "mestres" e "doutores" para ensinar-lhes a adorar um deus trigêmeo, ou seja, três coeternos sem filiação de Pai e Filho.

Esse livro não foi escrito para tripudiar da sua fé, pois Deus possui muitas pessoas que em sua sinceridade estão querendo fazer a vontade de Deus. Mas a vontade de Deus não está sujeita à vontade de homens desviados da verdade.

Se você aprendeu que devemos adorar um *deus triúno* enquanto a Bíblia diz que devemos adorar ao único Deus verdadeiro e ao Seu Filho unigênito, então você precisa escolher a quem vai continuar adorando a partir de agora.

Muitos homens estão assumindo para si o que só a Deus ea Seu Filho compete. Muitos são chamados de "reverendo", mas Pedro deixou-nos um grande exemplo quando outro homem (Cornélio) tentou adorá-lo, não aceitando que este se curvasse diante dele (Atos 10:25-26).

Nem mesmo um anjo aceitou que João, o apóstolo e profeta, se curvasse diante dele para o reverenciar. O anjo vindo do céu para ministrar-lhe, disse para não fazer aquilo, pois ele era um conservo de João e dos demais irmãos (Apocalipse 19:10).

No entanto, muitos líderes religiosos aceitam honrarias que são devidas somente a Deus e ao Seu Filho. Estão não somente ensinando falsas doutrinas como aceitando honras indevidas no engano.

Talvez você possa estar confuso com tudo isso, pois pensava que o Espírito Santo é realmente uma terceira pessoa da Trindade e o dia de guarda é o domingo. Mas quero lhe dizer que o Espírito Santo muitas vezes pode aparecer como uma pessoa, pois é o Espírito de Deus ou de Cristo, mas nunca de uma terceira pessoa (Romanos 8:9). A Bíblia diz que Deus é Espírito, ou seja, um Ser espiritual (S. João 4:23-24). A Bíblia também diz que Deus nos concede o Espírito de Seu Filho (Gálatas 4:6) e que o Espírito Santo é o Espírito de Jesus (Atos 16:6-7; Filipenses 1:19; 1 Pedro 1:11).

Dessa forma, fica claro para nós que se o Espírito Santo fosse de fato uma terceira pessoa além do Pai e do Filho ele apareceria nas Escrituras em um contexto de adoração, entretanto isso não acontece.

Vamos confirmar essa verdade em outras passagens.

"Depois destas coisas olhei, e eis aqui uma multidão, a qual ninguém podia contar, de todas as nações, e tribos, e povos, e línguas, que estavam diante do trono, e perante o Cordeiro, trajando vestes brancas e com palmas nas suas mãos; E clamavam com grande voz, dizendo: Salvação ao nosso Deus, que está assentado no trono, e ao Cordeiro. E todos os anjos estavam ao redor do trono, e dos anciãos, e dos quatro animais; e prostraram-se diante do trono sobre seus rostos, e adoraram a Deus, dizendo: Amém. Louvor, e glória, e sabedoria, e ação de graças, e honra, e poder, e força ao nosso Deus, para todo o sempre. Amém." Apocalipse 7:9-12.

Vemos claramente que em mais essa declaração universal de adoração em Apocalipse a salvação é um feito realizado pelo nosso Deus que está assentado no trono e o Cordeiro (v.10). Por isso Eles são os únicos que são dignos de adoração em todo o universo. Se o Espírito Santo fosse realmente uma terceira pessoa de uma Trindade coeterna como muitos creem, ele não apareceria como merecendo aclamação universal por participar do plano da salvação? Com certeza sim. Mas não é isso que acontece.

Eu já ouvi um pastor dizendo que ele acreditava que o Espírito Santo é um "Deus" mais humilde, que ele não deseja ser adorado, se contenta em ficar nos bastidores. Mas quanta ignorância! Não pode ser dito desses guias cegos: "Errais não conhecendo as Escrituras e nem o poder de Deus"? (Mt 22:29).

Eu prefiro ficar com o *"Assim diz o Senhor"* e não com o *"assim diz o pastor"*. E você? Vai continuar achando que isso não tem nada a ver, como muitas outras coisas que costuma ignorar?

Enquanto isso, podemos colher e expor evidências escriturísticas suficientes para fundamentar nossa crença de que apenas o Pai e o Filho é que devem ser exaltados e adorados por toda a eternidade.

Em contraste com a verdadeira adoração está um grande grupo de seres humanos que não se renderão à verdadeira adoração, mas continuará adorando aquilo que não é Deus. A despeito de todas as advertências contra tal atitude, e as punições que a mesma acarretará sobre os impenitentes, veja o que é relatado no Apocalipse sobre os falsos adoradores:

"E os outros homens, que não foram mortos por estas pragas, não se arrependeram das obras de suas mãos, para não adorarem os demônios, e os ídolos de ouro, e de prata, e de bronze, e de pedra, e de madeira, que nem podem ver, nem ouvir, nem andar. E não se arrependeram dos seus homicídios, nem das suas feitiçarias, nem da sua fornicação, nem dos seus furtos." Apocalipse 9:20-21.

Impressionante não é mesmo? Haver pessoas que mesmo diante de graves consequências escolhem se manter em uma falsa adoração aos demônios e aos ídolos.

Muitos adoram aos demônios sem noção de que de fato estão adorando aos demônios. Alguns são de fato satanistas, e rendem aos demônios suas vidas na maior certeza do que estão fazendo. Mas o inimigo das almas é mais, muito mais sutil com um número maior de pessoas, induzindo-as à uma adoração pervertida, fazendo com que os adoradores pensem que estão adorando a Deus.

Por isso que muitos dirão que fizeram muitas coisas em nome de Jesus, mas este lhes dirá: *"Não vos conheço, apartai-vos de mim malditos..."* (Mateus 7:21-23; 25:41). Ser enganado e adorar aos demônios não são coisas recentes, veja:

"Sacrifícios ofereceram aos demônios, não a Deus; aos deuses que não conheceram, novos deuses que vieram há pouco, aos quais não temeram vossos pais." Deuteronômio 32:17.

"Antes digo que as coisas que os gentios sacrificam, as sacrificam aos demônios, e não a Deus. E não quero que sejais participantes com os demônios." 1 Coríntios 10:20.

Veja como a questão da adoração é séria. Moisés disse que muitos israelitas adoraram os demônios, e não a Deus. Paulo também disse que os cristãos corriam risco de participar de uma falsa adoração com os gentios. E nós? Não corremos esse risco? Certamente que sim.

Por isso precisamos saber que tipo de adoração estamos praticando.

O apóstolo e profeta João sabia ou não sabia a quem devemos adorar? Com certeza que sim, pois recebeu diretamente de Jesus este conhecimento, a ponto de dizer:

"O que vimos e ouvimos, isso vos anunciamos, para que também tenhais comunhão conosco; e a nossa comunhão é com o Pai, e com seu Filho Jesus Cristo." 1 S. João 1:3.

Por isso que, profeticamente, por ocasião da sétima e última trombeta ele disse:

"E o sétimo anjo tocou a sua trombeta, e houve no céu grandes vozes, que diziam: Os reinos do mundo vieram a ser de nosso Senhor e do seu Cristo, e ele reinará para todo o sempre. E os vinte e quatro anciãos, que estão assentados em seus tronos diante de Deus, prostraram-se sobre seus rostos e adoraram a Deus, Dizendo: Graças te damos, Senhor Deus Todo-Poderoso, que és, e que eras, e que hás de vir, que tomaste o teu grande poder, e reinaste.

"E iraram-se as nações, e veio a tua ira, e o tempo dos mortos, para que sejam julgados, e o tempo de dares o galardão aos profetas, teus servos, e aos santos, e aos que temem o teu nome, a pequenos e a grandes, e o tempo de destruíres os que destroem a terra." Apocalipse 11:15-18.

João, o discípulo amado (S. João 13:23; 19:26; 20:2; 21:7, 20) vivendo séculos mais tarde que o salmista, concorda com ele, pois o apóstolo e profeta João diz que os reinos do mundo se tornaram do Senhor e do Seu Cristo. E diz também que as nações se iraram. O salmista por sua vez disse o seguinte:

"Por que se amotinam os gentios, e os povos imaginam coisas vãs?

"Os reis da terra se levantam e os governos consulta juntamente contra o Senhor e contra o seu ungido, dizendo:

"Rompamos as suas ataduras, e sacudamos de nós as suas cordas.

"Aquele que habita nos céus se rirá; o Senhor zombará deles.

"Então lhes falará na sua ira, e no seu furor os turbará.

"Eu, porém, ungi o meu Rei sobre o meu santo Monte de Sião.

"Proclamarei o decreto: o Senhor me disse: Tu és meu Filho, eu hoje te gerei.

"Pede-me, e eu te darei os gentios por herança, e os fins da terra por tua possessão.

"Tu os esmigalharás com uma vara de ferro; tu os despedaçarás como a um vaso de oleiro.

"Agora, pois, ó reis, sede prudentes; deixai-vos instruir, juízes da terra.

"Servi ao Senhor com temor, e alegrai-vos com tremor. "Beijai o Filho, para que se não ire, e pereçais no caminho, quando em breve se acender a sua ira; bem-aventurados todos aqueles que nele confiam." Salmos 2:1-12.

Vemos claramente nesse Salmo que a contenda dos povos é contra o Senhor e seu ungido, ou seja, seu Filho unigênito, e não contra uma Trindade. A Trindade é o que eles querem.

Assim como o salmista diz que o Filho de Deus regerá as nações com vara de ferro, João no Apocalipse diz:

"E ao que vencer, e guardar até ao fim as minhas obras, eu lhe darei poder sobre as nações,

"E com vara de ferro as regerá; e serão quebradas como vasos de oleiro; como também recebi de meu Pai." Apoc. 2:26-27.

Muitos pensam e ensinam que o ungido do Salmo dois é Davi, mas João no Apocalipse confirma que essa é uma referência ao Filho de Deus (conferir Atos 4:25-28).

Nesse texto vemos que assim como Ele recebeu essa posição de reger as nações com vara de ferro, também os salvos, os que vencerem, receberão a mesma posição.

Outro privilégio que os salvos receberão com o Filho de Deus é esse:

"Ao que vencer lhe concederei que se assente comigo no meu trono; assim como eu venci, e me assentei com meu Pai no seu trono." Apocalipse 3:21.

Você já encontrou o trono do Espírito Santo na Bíblia?

Enquanto você reflete nessa pergunta, veja mais uma aclamação universal de adoração ao Pai e ao Filho, a Deus e ao Cordeiro no livro de Apocalipse:

"E ouvi uma grande voz no céu, que dizia: Agora é chegada a salvação, e a força, e o reino do nosso Deus, e o poder do seu Cristo; porque já o acusador de nossos irmãos é derrubado, o qual diante do nosso Deus os acusava de dia e de noite." Apoc. 12:10.

Você já foi acusado por pregar a verdade de que Deus é apenas um e não uma Trindade? Ou você esteve do outro lado, o de acusador, dizendo que os que defendem essa verdade das Escrituras são pessoas usadas por Satanás?

Neste texto de Apocalipse vemos claramente que em um determinado momento da história dessa terra será proclamada a declaração universal de adoração: *"Agora é chegada a salvação, e a força, e o reino do nosso Deus, e o poder do seu Cristo."* Teria João, o discípulo e profeta de nosso Senhor Jesus Cristo esquecido de uma terceira pessoa nessa aclamação universal?

São muitos textos para crermos que ele tenha esquecido. Vemos que de fato a adoração é devida a Deus e a Cristo e não a um "deus trino" ou "triúno" como dizem.

De que lado você estará? Dos que mesmo em face das duras consequências não se arrependerão da falsa adoração praticada? Ou daqueles que se unirão em uníssono num brado de declaração universal de adoração a Deus e ao Cordeiro, ao Pai e ao Seu Filho unigênito? A escolha é sua.

Aqui estamos apenas lhe mostrando que de Gênesis a Apocalipse o tema da adoração tem se dividido apenas nesses dois polos, esperando escolhas pela adoração verdadeira em meio à tanta confusão religiosa como a de nosso tempo.

A Besta, aquele poder que mudou a lei de Deus e ensinou as nações a adorarem uma Trindade, mudando também o dia de adoração de sábado para domingo, fará com que em certo momento da história todos lhe prestem adoração por imposição de um decreto. Isso está profetizado no capítulo treze de Apocalipse. No capítulo seguinte deste livro temos uma advertência contra tal adoração.

Essa advertência é dada através de três mensagens. Nela vemos a urgência quanto à uma verdadeira compreensão sobre a adoração verdadeira para que o juízo de Deus não nos encontre como falsos adoradores de um sistema corrompido. Vamos compreender melhor essas três mensagens no Apocalipse de S. João?

Capítulo 11

Três mensagens urgentes

Se você estivesse prestes a morrer podendo antes ser avisado, com certeza seria bom ter uma oportunidade de escape, não é mesmo? E se eu te disser que você pode estar na beira de um abismo e existem avisos apropriados para te livrar da perdição, você acreditaria?

Na Bíblia encontramos esse importante provérbio de Salomão: *"Há um caminho que ao homem parece direito, mas o fim dele são os caminhos da morte."* Provérbios 14:12.

Até agora vimos que a ideia de que Deus é uma Trindade é algo contrário à luz das Escrituras, e que os versos para se acreditar neste conceito são inferências enganosas. Mas, mesmo assim, muitos preferirão esse caminho, achando que ele é direito, assim como Caim preferiu oferecer frutas.

Mas, e quanto aos avisos para livrar da morte? Quais são eles? Nós os encontramos no livro de Apocalipse.

"E vi outro anjo voar pelo meio do céu, e tinha o evangelho eterno, para o proclamar aos que habitam sobre a terra, e a toda a nação, e tribo, e língua, e povo, dizendo com grande voz: Temei a Deus, e dai-lhe glória; porque é vinda a hora do seu juízo. E adorai aquele que fez o céu, e a terra, e o mar, e as fontes das águas." Apoc. 14:6-7.

Talvez você possa pensar: o que isso tem a ver com avisos para livrar da morte? É preciso entender o contexto das três mensagens para obtermos a resposta à essa pergunta. Vamos então entender a primeira mensagem, no contexto da adoração.

As três mensagens são apresentadas como sendo proclamadas por anjos. No entanto, a incumbência da pregação do evangelho não foi dada a anjos, mas aos homens. Neste contexto a palavra "anjo", que significa mensageiro, é aplicada a homens que proclamam o evangelho eterno. Dessa forma a palavra "anjo" aqui é simbólica para indicar aqueles que, quais os anjos que são ministros de Deus (Hebreus 1:13-14), também ministram a pregação do evangelho (Mateus 24:14 e Marcos 16:15-16).

Compreendido esse detalhe, precisamos agora entender o conteúdo dessa mensagem. Qual evangelho eterno é esse a ser pregado a todos os que habitam sobre a terra?

A mensagem diz para temer a Deus e dar-lhe glória, pois o seu juízo está prestes a vir. A Bíblia nos explica a forma correta de temer a Deus. Vejamos qual é:

"De tudo o que se tem ouvido, o fim é: Teme a Deus, e guarda os seus mandamentos; porque isto é o dever de todo o homem. Porque Deus há de trazer a juízo toda a obra, e até tudo o que está encoberto, quer seja bom, quer seja mau." Eclesiastes 12:13-14; Almeida Revista e Atualizada.

Como vimos, temer à Deus e guardar seus mandamentos é o dever de todo homem, mas muitos tem ensinado que Jesus aboliu os mandamentos e que não é preciso mais obedecê-los. Alega-se isso mais em relação ao quarto mandamento da Lei de Deus, que nos pede para lembrar que o sétimo dia é o sábado que Deus abençoou e santificou.

Mas, como Jesus pode ter abolido os mandamentos de Deus se Ele os obedeceu e ordenou que nós os obedecêssemos? (ver S. Mateus 5:17-19). É impossível haver uma base legal para julgamento sem lei. Se os mandamentos foram abolidos, como muitos afirmam, distorcendo alguns textos da Bíblia (Colossenses 2:14 e Efésios 2:15), qual será a base para o julgamento divino?

Mas, como já tratamos anteriormente, essas "ordenanças" que Jesus aboliu com sua morte na cruz foram as leis de sacrifícios, os mandamentos levíticos, e não a lei moral que claramente Ele disse que não veio abolir (S. Mateus 5:17-19).

Temer a Deus, portanto, tem uma relação íntima com a obediência aos Seus mandamentos (Deut. 5:29; 17:19; 28:58).

Compreendida essa parte, importa ainda entender a quem a primeira mensagem de aviso contida no capítulo catorze de Apocalipse ordena adorar.

A criação do céu, da terra, do mar e das fontes das águas foi uma obra da Trindade? Muitos creem que sim, que um deus trino criou todas as coisas.

No entanto, a Palavra de Deus nos mostra que quem esteve envolvido no processo de criação foi o Pai e o Filho. Não vamos colocar na íntegra todos os textos que dão ciência disso aqui, mas o leitor e pesquisador interessado pode estudar alguns textos que afirmam que a criação é uma obra efetuada por Deus o Pai e Seu Filho (Prov. 30:4; S. João 1:1-3; Col. 1:13-16; Heb. 1:1-2).

Outro texto que apresenta o contexto da criação é o de Provérbios 8:22-30, onde o Filho de Deus é chamado metaforicamente de Sabedoria, e Paulo revela que a "Sabedoria" de Deus é o próprio Jesus (1 Coríntios 1:24 e 30; ver também Mateus 11:19; Lucas 11:49 comparar com Mateus 23:34-36). O texto de Prov. 8 comprova que no princípio, antes que houvesse mundo, estavam Deus e Sua Sabedoria, ou seja, Seu Filho.

Textos que aparentemente dizem que havia uma "terceira pessoa" na criação não passam de hipóteses. Um deles é Gênesis 1:2 que diz que o Espírito de Deus pairava sobre as águas. Em algumas traduções como a Bíblia de Jerusalém e a Bíblia TEB (Tradução Ecumênica da Bíblia) esse texto diz que um "vento de Deus" pairava sobre as águas, e "vento" é um dos significados da palavra "espírito" nos idiomas hebraico e grego.

Outros textos que apresentam essa mesma ideia quanto ao Espirito Santo no contexto da criação são: Jó 32:8; 33:4; 34:14 e 15 e Salmos 104:29-30, onde o Espírito presente na criação é o sopro divino que concede vida (conferir Gênesis 2:7).

Portanto, o primeiro aviso contido em Apocalipse 14:7 ordena-nos adorar Aquele que tudo criou por meio de Seu Filho unigênito, e que lhe disse: *"Façamos o homem a nossa imagem..."* (Gên. 1:26).

O primeiro aviso de Deus na mensagem de Apocalipse 14:6-7 é um alerta quanto a quem deve ser adorado: o Deus criador. Veja algo importante quanto a isto:

"Lembra-te do dia de sábado, para o santificar. Seis dias trabalharás e farás toda a tua obra; mas o sétimo dia é o sábado de Jeová teu Deus; nesse dia não farás obra alguma, nem tu, nem teu filho, nem tua filha, nem teu servo, nem tua serva, nem teu animal, nem o teu estrangeiro que está das tuas portas para dentro; porque em seis dias fez Jeová o céu e a terra, o mar e tudo que neles há; *por isso, Jeová abençoou o dia sétimo e o santificou."* Êxodo 20:8-11; Tradução Brasileira (Grifos acrescentados).

Se compararmos esse texto com o de Apocalipse 14:6-7 veremos que a ordem para adorar aquele que criou o céu, a terra, o mar e as fontes das águas está em direta ligação com o quarto mandamento da lei de Deus. Isso também nos indica que o Criador de todas as coisas é um Deus único e pessoal chamado Jeová. No entanto, esse Deus pessoal criou todas as coisas por meio de Seu Filho unigênito e em união com Ele (S. João 1:1-3; Col. 1:13-17; Heb. 1:1-2).

Certa vez Jesus foi acusado de transgredir o sábado porque curou um homem nesse dia. No entanto, a resposta de Jesus aos seus acusadores mostra-nos que quem trabalhou na criação, instituiu o sábado, e continua trabalhando na subsistência humana são dois Seres e não três.

"E por esta causa os judeus perseguiram a Jesus, e procuravam matá-lo, porque fazia estas coisas no sábado. E Jesus lhes respondeu: Meu Pai trabalha até agora, e eu trabalho também.

"Por isso, pois, os judeus ainda mais procuravam matá-lo, porque não só quebrantava o sábado, mas também dizia que *Deus era seu próprio Pai, fazendo-se igual a Deus.*

"Mas Jesus respondeu, e disse-lhes: Na verdade, na verdade vos digo que o Filho por si mesmo não pode fazer coisa alguma, se o não vir fazer o Pai; porque tudo quanto ele faz, o Filho o faz igualmente. Porque o Pai ama o Filho, e mostra-lhe tudo o que faz; e ele lhe mostrará maiores obras do que estas, para que vos maravilheis." S. João 5:16-20.

Nesse trecho das Sagradas Escrituras vemos claramente que o Deus que trabalhou na criação de tudo foi o Pai de nosso Senhor Jesus. Mas, não somente Seu Pai, Ele também disse que trabalha com Seu Pai até agora, no sentido de que Eles, Pai e Filho, trabalham na manutenção das obras criadas.

"Temei a Deus e dai-lhe glória..." (Apoc. 14:7) é um ato de adoração ao Pai. *"E adorai aquele que fez..."* é um ato de adoração ao Filho, pois sem Ele, nada do que foi feito se fez (S. João 1:3) e por meio dele tudo foi criado (Hebreus 1:2).

Quanto à sentença *"porque vinda é a hora do seu juízo"* (Apoc. 14:7) aponta-nos novamente para os dois: Pai e Filho, pois na cena de juízo vista por Daniel aparece o Ancião de dias e um como Filho do Homem (Daniel 7:9-14).

Jesus afirmou que o Pai deu a Ele o poder de julgar, porque é o Filho do homem (S. João 5:22-30. Ver também Atos 17:30-31). Fica então comprovado pelas Escrituras que a primeira mensagem angélica, uma importante mensagem de aviso, declara a verdade sobre o Pai e o Filho no contexto da criação, adoração e do julgamento.

Esse é o evangelho eterno que deve ser pregado em todo mundo. O evangelho do amor do Pai em dar Seu único Filho para redimir a humanidade caída (S. João 3:16). O evangelho de que a criação, redenção e julgamento são obras do Pai e do Filho e não de uma Trindade.

Veja o que o apóstolo Paulo afirma quanto à diferença do evangelho verdadeiro para o falso na carta aos gálatas:

"Paulo, apóstolo (não da parte dos homens, nem por homem algum, mas por Jesus Cristo, e por Deus Pai, que o ressuscitou dentre os mortos), e todos os irmãos que estão comigo, às igrejas da Galácia: Graça e paz da parte de Deus Pai e do nosso Senhor Jesus Cristo, o qual se deu a si mesmo por nossos pecados, para nos livrar do presente século mau, segundo a vontade de Deus nosso Pai, ao qual seja dada glória para todo o sempre. Amém."

"Maravilho-me de que tão depressa passásseis daquele que vos chamou à graça de Cristo para outro evangelho; o qual não é outro, mas há alguns que vos inquietam e querem transtornar o evangelho de Cristo. Mas, ainda que nós mesmos ou um anjo do céu vos anuncie outro evangelho além do que já vos tenho anunciado, seja anátema. Assim, como já vo-lo dissemos, agora de novo também vo-lo digo. Se alguém vos anunciar outro evangelho além do que já recebestes, seja anátema." Gálatas 1:1-9.

Como vimos, Paulo falou que ele era apóstolo não da parte de homens, mas da parte de Jesus Cristo e de Deus Pai que o ressuscitou dos mortos. Não cita um terceiro da parte do qual também foi constituído apóstolo. Igualmente quando cumprimenta os gálatas, ele o faz com a graça e a paz de Deus Pai e do Senhor Jesus Cristo, e não de um terceiro. Paulo escreveu o seguinte sobre quem os cristãos tinham por Deus:

"Porque, ainda que haja também alguns que se chamem deuses, quer no céu quer na terra (como há muitos deuses e muitos senhores), todavia para nós <u>há um só Deus, o Pai</u>, de quem é tudo e para quem nós vivemos; e <u>um só Senhor, Jesus Cristo</u>, pelo qual são todas as coisas, e nós por ele." 1 Coríntios 8:5-6 (grifos acrescentados).

"Porque há um só Deus, e um só Mediador entre Deus e os homens, Jesus Cristo homem. O qual se deu a si mesmo em preço de redenção por todos, para servir de testemunho a seu tempo." 1 Timóteo 2:5-6 (ver também Rom. 16:27; Efésios 4:5-6; 1 Tess. 1:9-10; 1 Tim. 1:17; 6:13-16; 2 Tim. 4:1-4).

Como vimos, o evangelho eterno, autêntico, verdadeiro não é que uma Trindade amou o mundo, mas que Deus o Pai amou o mundo e enviou Seu Filho para salvá-lo (S. João 3:16). Salvação é um ato de Deus e do Cordeiro (Apoc. 7:10) e não do deus trino.

Portanto, a adoração é um ponto chave na primeira mensagem de advertência contida em Apocalipse 14:6-7. Essa mensagem está em total oposição à adoração que a besta propõe (Apoc. 13:15) com ameaça de morte a quem não aceita sua marca.

Para compreendermos um pouco melhor esse contraste, e no que consiste a adoração à imagem da besta, vamos analisar a segunda mensagem de advertência na sequência apocalíptica.

"E outro anjo seguiu, dizendo: Caiu, caiu Babilônia, aquela grande cidade, que a todas as nações deu a beber do vinho da ira da sua fornicação." Apocalipse 14:8.

A queda da antiga Babilônia foi um dos eventos históricos mais impressionantes. Enquanto Belsazar profanava os utensílios do templo do Deus verdadeiro, prestando honra aos falsos deuses de Babilônia, o exército persa desviava o curso do rio Eufrates para invadir a grande Babilônia pelo leito do rio seco. Essa foi a queda literal de Babilônia que ocorreu antes da profecia de João.

No entanto, o aviso da queda de Babilônia que temos em Apoc. 14:8 é uma comparação à um falso sistema de adoração que também ruirá. Como relatei no capítulo sete deste livro, a adoração falsa imposta sob pena de morte por Nabucodonosor em seu império, a Babilônia, colocou em contraste a verdadeira e a falsa adoração.

O apóstolo Pedro cita uma igreja em Babilônia (1 Pedro 5:13), mas em seus dias não era Babilônia que governava o mundo, e sim Roma. Disso dá certeza a nota de rodapé da Bíblia de Jerusalém que afirma ser a igreja citada por Pedro uma igreja em Roma.

Entendemos, portanto, que Roma é chamada metaforicamente de Babilônia por ser um grande império que dominou o mundo no tempo de Pedro, assim como o foi Babilônia no tempo de Daniel.

O profeta João também disse que a grande cidade que reina sobre os reis da terra é uma cidade rodeada de sete colinas (Apoc. 17:9 e 18). Essa cidade é Roma, a cidade das sete colinas, onde está localizado o Vaticano com a sede mundial da Igreja Católica.

A queda de Babilônia anunciada em Apocalipse, portanto, deve aplicar-se a um falso sistema de adoração implantado por Roma que se perpetuou na história e que a exemplo de Nabucodonosor na Babilônia antiga usa imagens de escultura em seus rituais religiosos. Não nos resta nenhuma outra explicação se não a adoração católica romana com uso de imagens e esculturas e também de um deus triúno, que entra em flagrante contraste com a adoração ao Deus verdadeiro e ao Seu Filho unigênito como visto até agora, comprovado nas Escrituras.

Babilônia foi culpada por forçar os homens a adorar uma imagem construída por Nabucodonosor (Daniel 3). O orgulhoso rei teve uma prova incontestável de que nenhum Deus podia livrar como o Deus dos três jovens hebreus, pois Ele enviou Seu próprio Filho para estar com os jovens fiéis na fornalha ardente e nenhum mal lhes aconteceu (Daniel 3:23-28).

No fim de sua vida, após relutar a se render ao Soberano do universo, esse altivo monarca se humilhou e reconheceu quem era o Deus verdadeiro e o único digno de adoração. Para isso precisou viver como um animal e literalmente pastar, comer grama por sete anos (Daniel 4:33), para reconhecer que o Altíssimo é o Soberano (Daniel 4:34-37).

Seu filho, Belsazar, mesmo sabendo de tudo isso, não escolheu praticar a adoração verdadeira, mas continuou exaltando deuses de prata, ouro, bronze, ferro, madeira e pedra (Daniel 5:18-31). Por isso Babilônia caiu, e foi grande a sua queda, sendo conquistada pelo rei Dario (Daniel 5:30-31).

A queda da Babilônia mística, aquela que tem dado a todas as nações um vinho de doutrinas falsas, tais como a Trindade e o descanso dominical, é digna do decreto: *"Caiu Babilônia!"*. Sua queda é uma queda espiritual, e essa queda tem sido percebida de forma flagrante no aviso de Apoc. 14:8.

Da mesma forma que a Babilônia de Belsazar caiu e foi derrotada enquanto praticava idolatria e profanava os utensílios sagrados do templo do Deus verdadeiro, a grande Babilônia no tempo do fim cairá e será derrotada no ápice de seu falso sistema de adoração imposto a todo o mundo.

Outro texto que nos indica ser a igreja romana a Babilônia mística é o capítulo dezessete de Apocalipse. Nele somos informados quanto à existência de uma "mulher" adúltera, símbolo de um povo que professa servir a Deus, mas, no entanto, O trai praticando uma falsa adoração (cf. Jeremias 13:27 e Ezequiel 23:37).

Essa "mulher" (igreja) é apresentada no Apocalipse com o seguinte detalhe:

"E na sua testa estava escrito o nome: Mistério, a grande babilônia, a mãe das prostituições e abominações da terra." Apocalipse 17:5.

Porque a palavra *Mistério* aparece na testa da grande Babilônia? Pois desde pequenas as crianças são ensinadas a gravar em suas mentes (testa, lóbulo frontal) uma série de ensinamentos chamados de *Mistérios*: mistérios gozosos, mistérios dolorosos, mistérios gloriosos e mistérios luminosos.

A qual igreja se aplica apropriadamente essa descrição se não a Católica Romana, que também ensina ser a doutrina da Trindade o mistério central da fé católica?

Ela também é chamada de *"A mãe das meretrizes"* porque não é a única mulher (igreja) prostituída. As demais denominações que lhe seguem, embriagadas com seu vinho doutrinário, dão a mesma justificativa ao afirmar que esse ensinamento (o da Trindade) é um "mistério" e será melhor compreendido no céu. No entanto, a Trindade jamais será ensinada no céu, pois no capítulo anterior vimos que a declaração universal de adoração é feita ao Deus todo poderoso e ao

Cordeiro, e não a um deus trino.

Portanto, o intuito desse aviso divino contido na segunda mensagem angélica é alertar aos habitantes da terra quanto à falência (queda) desse falso sistema de adoração chamado simbolicamente de "Babilônia". A terceira e última advertência, contida na mensagem do terceiro anjo é:

"E seguiu-os o terceiro anjo, dizendo com grande voz: Se alguém adorar a besta, e a sua imagem, e receber o sinal na sua testa, ou na sua mão, também este beberá do vinho da ira de Deus, que se deitou, não misturado, no cálice da sua ira; e será atormentado com fogo e enxofre diante dos santos anjos e diante do Cordeiro. E a fumaça do seu tormento sobe para todo o sempre; e não têm repouso nem de dia nem de noite os que adoram a besta e a sua imagem, e aquele que receber o sinal do seu nome." Apocalipse 14:9-11.

Agora você entende porque no início eu escrevi que esses avisos são para livrar da morte? A conclusão das três mensagens angélicas, com a terceira, alerta que os falsos adoradores serão punidos com fogo e enxofre. Por isso é crucial saber qual a verdadeira e a falsa adoração e praticar a verdadeira.

Aqui é necessário muito cuidado e atenção para entender do que o apóstolo João, sob orientação divina, estava falando. Ele usa uma linguagem simbólica, mas conseguimos entender claramente que ele fala de adoração, pois diz: *"se alguém adorar..."*

Na primeira mensagem (Apoc. 14:7) entendemos que a adoração verdadeira é ao Pai e a Seu Filho (Confirmar em Apoc. 4:10-11; 5:12-14; 11:15-17). Na terceira mensagem vemos quem não deve ser adorado: a besta e sua imagem:

1ª Mensagem	3ª Mensagem
Adorar	**Não adorar**
O Pai e o Filho.	A besta e a sua imagem

Quem é a besta? E a sua imagem? João queria dizer que não deveríamos adorar um bicho feio, um animal espantoso, e nem a imagem dele, ou sua figura ou retrato?

Não. Não era isso que o apóstolo e profeta João estava querendo dizer. É importante lembrarmos que quando o profeta João escreveu o livro do Apocalipse ele estava exilado na ilha de Patmos por causa da Palavra de Deus e do testemunho de Jesus Cristo (Apoc. 1:9). Se ele falasse claramente que a besta era proveniente de Roma talvez o livro não chegasse até nós hoje e já estivesse destruído há muito tempo, pois Roma dominava o mundo na época.

Mas, como já vimos anteriormente, o símbolo da mulher e da besta que a carrega é uma vívida retratação de Roma e do Catolicismo, pois como vimos João explicou que a mulher é a grande cidade que em seu tempo reinava sobre os demais reis da terra (Apoc. 17:18), ou seja, dominava o mundo.

Essa besta (Catolicismo romano) perseguiu e matou milhões de cristãos durante a idade média e é dito que ela está embriagada com o sangue dos santos (Apoc. 17:6). Sua imagem será um poder que copiará de forma idêntica sua forma arbitrária de impor uma falsa adoração a todos os habitantes da terra (Apoc. 13:11-18).

Temos então duas bestas retratadas no capítulo 13 de Apocalipse. A segunda besta formará a "imagem da besta" (da primeira besta), pois segue de forma idêntica sua maneira de perseguir os fiéis adoradores de Deus e Seu Filho, apoiando tudo que a primeira besta criou como forma de adoração.

Assim como Babilônia criou e impôs a todos uma falsa adoração, Roma, primeiro com o césares depois com o papado, impôs ao mundo uma forma corrompida de adoração. Por fim, um novo poder mundial imitará de tal forma esses poderes anteriores que é chamado na profecia de "imagem da besta", pois, da mesma forma, vai impor um falso sistema de adoração.

Vamos entender com mais detalhes essas duas bestas:

1ª besta	2ª besta
Surge do mar (Apoc. 13:1)	Surge da terra (Apoc. 13:11)
Mar em profecias significa povos, multidões, nações e línguas (Apoc. 17:15). O papado surgiu de um lugar já densamente habitado: o velho mundo (Europa).	Essa besta por sua vez surge de um lugar diferente da anterior, da terra, de uma região não civilizada: os Estados Unidos, no novo mundo (Estados Unidos).
Fez guerra contra os santos e os venceu. Teve poder sobre toda tribo, língua e nação (Apoc. 13:7)	Impõe a marca da besta sobre pequenos e grandes, ricos e pobres, livres e servos. (Apoc. 13:16)

É inegável como o papado retomou o seu prestígio perdido quando Napoleão Bonaparte levou o Papa Pio VI ao cativeiro (Apoc. 13:10), infligindo uma ferida mortal ao papado (Apoc. 13:3). Em nossos dias o papado tem sido honrado pelos próprios governantes americanos.

Algo nunca antes visto foi testemunhado em nosso tempo (24 de setembro de 2015) quando o Papa Francisco discursou no parlamento americano. A nação americana foi formada por cristãos que fugiram da perseguição religiosa na Europa no século XVII e se desenvolveu sob princípios protestantes.

No entanto o papado tem retomado seu prestígio entre a própria atual potência mundial que nasceu como uma de suas maiores opositoras, os Estados Unidos da América do Norte.

Assim como a Babilônia, a maior potência mundial na época de Daniel, impôs a todas as províncias mundiais um decreto de adoração da estátua de Nabucodonosor, o mesmo fará a maior potência mundial nos últimos dias impondo a todos um falso sistema de adoração.

Veja no quadro comparativo:

Babilônia	Estados Unidos
Potência mundial no tempo de Daniel	Potência mundial no tempo do fim
Decreto de Nabucodonosor para adoração de sua estátua no campo de Dura, com pena de morte para quem se opusesse. (Daniel 3:1-6)	Decreto para adoração da imagem da besta (Imposição de uma falsa adoração) e pena de morte para quem se opor (Apocalipse 13:15)
Livramento de Misael, Ananias e Azarias da fornalha de fogo (Daniel 3:28)	Livramento dos que se mantiverem fiéis à verdadeira adoração (Apoc. 15:2 e 20:4)

Diferente da imagem de Nabucodonosor na Babilônia antiga, a imagem da besta que será formada copiando o modelo despótico e autoritário de Roma papal na idade média. Assim como o papado usou o poder civil para punir os verdadeiros adoradores, taxando-os de hereges, e condenando-os às fogueiras com o apoio dos governos civis, o mesmo será feito no fim dos tempos por todas as religiões, se servindo do poder do estado para punir quem não aceitar a falsa adoração a ser imposta por lei, primeiro pelos EUA, depois pelas diversas nações.

Essa falsa adoração é oposta à verdadeira em dois pilares básicos: qual Deus servir e que dia de descanso observar. Enquanto os verdadeiros adoradores adorarão ao único Deus verdadeiro e ao Seu Filho unigênito, observando o sábado como dia de descanso, os falsos adoradores, guiados pela besta e sua imagem, terão como Deus a Trindade e como dia de descanso o domingo.

A controvérsia que sempre existiu quanto à adoração em todos os tempos será intensificada nos dias finais, tornando bem claro dois grupos distintos. Veja o contraste no quadro a seguir:

Verdadeira Adoração	Falsa Adoração
Deus único	Deus trino
Sinal de Deus: Sábado, tendo como base as Escrituras (Êx 31:13; Ezeq. 20:12 e 20)	Marca da besta: Imposição do domingo por lei, base na tradição, catecismo católico.
O Pai e o Filho	A besta e sua imagem

Se observarmos atentamente o contraste entre a verdadeira e a falsa adoração ao longo do relato bíblico podemos notar que os hebreus nos dias de Ester serviam um Deus único e não um deus trino e guardavam o sábado. Nos dias de Daniel e seus amigos exilados na Babilônia da mesma forma adoravam um Deus único (que enviou Seu Filho inclusive para livrá-los das chamas da fornalha [Daniel 3:25-28]) e observavam o sábado como dia de descanso, e não o domingo.

Igualmente do lado da falsa adoração sempre esteve envolvida a adoração de imagens, como no tempo de Ezequiel, quando também houve um selamento e não foram selados os veneradores de imagens e esculturas (Ezeq. 8 e 9). Mizael, Ananias e Azarias, em sua época se recusaram a adorar a estátua feita por Nabucodonosor (Daniel 3: 16-18). Mardoqueu recusou se inclinar perante Hamã (Ester 3:1).

Em nossos dias e até o fim não é diferente, alguns tem resistido a essa falsa adoração. Muitos, porém, estão se curvando perante homens (líderes religiosos) e perante imagens (esculturas e figuras religiosas), prestando reverência a coisas e pessoas que não são dignos. Como já mencionamos e voltamos a repetir, os únicos dignos são Aqueles aos quais a Palavra de Deus diz:

"Tu és digno, Senhor e Deus nosso, de receber a glória, a honra e o poder, porque todas as coisas tu criaste, sim, por causa da tua vontade vieram a existir e foram criadas." Apocalipse 4:11; Almeida Revista e Atualizada.

"Digno é o Cordeiro que foi morto de receber o poder, e riqueza,

e sabedoria, e força, e honra, e glória, e louvor." Apocalipse 5:12; Almeida Revista e Atualizada.

Ninguém mais é digno de ser adorado além desses, nem mesmo um perfeito e iluminado anjo do céu, pois, quando o apóstolo e profeta João tentou se inclinar perante um anjo que lhe apareceu, o anjo disse:

"Então, me falou o anjo: Escreve: Bem-aventurados aqueles que são chamados à ceia das bodas do Cordeiro. E acrescentou: São estas as verdadeiras palavras de Deus. Prostrei-me ante os seus pés para adorá-lo. Ele, porém, me disse: Vê, não faças isso; sou conservo teu e dos teus irmãos que mantêm o testemunho de Jesus; adora a Deus. Pois o testemunho de Jesus é o espírito da profecia." Apocalipse 19:9-10; Almeida Revista e Atualizada.

Igualmente Pedro não aceitou que Cornélio se curvasse perante ele e o adorasse (Atos 10:25-26). Da mesma forma Paulo não aceitou adoração pelas curas que fez juntamente com Barnabé (At 14:8-15).

No entanto, o *"homem do pecado"*, aquele que ocupa a função papal, se opõe a Deus, aceitando que outros homens se inclinem perante ele, reverenciando-o dessa forma, *"ostentando-se como se fosse o próprio Deus."* 2 Tessalonicenses 2:3-4.

Por isso a terceira mensagem angélica é tão grave, pois avisa aqueles que querem a salvação de Deus e se livrar da destruição pelo fogo e enxofre a não adorar a besta e a sua imagem.

Também é dito no Apocalipse que a marca da besta será imposta ao mundo, proibindo comprar e vender quem não tiver sua marca na mão ou na testa. Essa marca não é um carimbo, tatuagem, código de barras ou microchip. Essa marca é o oposto do sinal de Deus, o sábado (Êxo. 31:13 e Ez. 20:20).

Como vimos, o sinal de Deus é o sábado, pois é o mandamento da lei de Deus que sinaliza quem é o Criador. A besta por sua vez instituiu um dia e um deus contrários aos verdadeiros: o deus triúno e o domingo. E quando este dia for imposto por lei, então terá sido imposta a marca da besta.

Não duvido que o microchip ou qualquer outro mecanismo possa ser usado para o controle de quem poderá comprar ou vender como diz a profecia, mas essa será apenas uma ferramenta a serviço da marca da besta. A profecia diz:

"A todos, os pequenos e os grande, os ricos e o pobres, os livres e os escravos, faz que lhes seja dada certa marca sobre a mão ou sobre a fronte, para que ninguém possa comprar ou vender, senão aquele que tem a marca, o nome da besta ou o número do seu nome." Ap 13:18; A. Revista e Atualizada.

Como vimos, essa estratégia será mais abrangente que a de Hamã no tempo de Ester e Mardoqueu, e a de Nabucodonosor nos dias de Daniel, Mizael, Ananias e Azarias. Esse decreto proibindo comprar ou vender vai afetar a todos, pequenos e grandes, ricos e pobres, livres e escravos.

Vamos entender um pouco mais o que esse decreto tem a ver com adoração. Como sabemos, a terceira mensagem angélica é um aviso contra o risco que corre quem adorar a besta e a sua imagem, recebendo sua marca na testa ou na mão (Apoc. 14:9-11).

Quero levá-lo a entender o oposto disso, ou seja, o oposto de adorar a besta e a sua imagem e receber a sua marca. Vamos então observar um texto muito esclarecedor. Após a transmissão da Lei de Deus, os Dez Mandamentos (Deut. 5:1-21), e a entrega dessa lei aos hebreus (Deut. 5:22-33), Moisés passa a lhes explicar como eles deveriam lidar com essa lei e transmiti-la a seus filhos:

"Ora, este é o mandamento, os estatutos e os juízos que Jeová, vosso Deus, ordenou que se vos ensinassem, para que os cumprais na terra a que passais para as possuirdes; a fim de que temas a Jeová, teu Deus, de modo que guardes todos os seus estatutos e os seus mandamentos que eu hoje te mando, tu, e teu filho, e o filho de teu filho, por todos os dias de tua vida; e para que se prologuem os teus dias. Ouve, pois, ó Israel, e cuida de o fazer, para que te vá bem, e para que te multipliques abundantemente, como Jeová, Deus de teus pais, te

prometeu, numa terra que mana leite e mel.

"Ouve, ó Israel; <u>Jeová, nosso Deus, é o único Deus</u>. Amarás, pois, a Jeová, teu Deus, de todo o teu coração, e de toda a tua alma, e de todas as tuas forças. Estas palavras que eu hoje te intimo estarão sobre o teu coração; tu as inculcarás a teus filhos e delas falarás, sentado em tua casa, e andando pelo caminho, e ao deitar-te, e ao levantar-te. <u>Atá-las-ás como sinal na tua mão, e serão por frontais entre os teus olhos</u>. Escrevê-las-ás nos umbrais de tua casa e nas tuas portas." Deut. 6:1-9; Trad. Brasileira (Grifos acrescentados).

A forma como Deus, por meio de Moisés, orientou os hebreus a instruir seus filhos nos Seus mandamentos foi atá-los como sinais na mão e como frontais entre os olhos. Curioso não é mesmo?

No relato vimos que Jeová foi apresentado como o único Deus e na Lei dEle o sétimo dia é o sábado, aparecendo como o correto dia de descanso (Êxodo 20:8-11 e Deut. 5:12-15). Princípios como esses que deveriam estar gravados na testa (mente) e na mão (manuseio) dos filhos de Deus são os princípios que caracterizam a adoração conforme a vontade de Deus.

O oposto disso é o que propõe a besta (papado) e sua imagem (protestantismo apostatado). O catolicismo e as demais religiões cristãs praticam uma adoração ao deus trino e veneram esse deus aos domingos, como dia de guarda. Esse é o contraste entre a verdadeira e a falsa adoração que culminará com o decreto para proibir de comprar ou vender quem não se render a esse falso sistema.

No entanto a terceira mensagem angélica emite o aviso de alerta para aqueles que se renderem a esse falso sistema de adoração pois, sua punição será a morte com fogo e enxofre. Alguns entendem que essa punição será sofrer eternamente, pois o texto diz *"não têm descanso algum, nem de dia nem de noite ..."* Apoc. 14:11 e 20:10.

Contudo, o próprio livro de Apocalipse nos revela que o fogo do céu os consumirá (Apoc. 20:9) e o profeta Malaquias nos revela que os ímpios punidos com fogo serão queimados totalmente, não restando nem raiz nem ramos (Mal. 4:1) e se tornarão cinzas debaixo dos pés dos justos (Mal. 4:3).

Por isso precisamos gravar a verdade em nossa testa (mente) e não a mentira. E se alguém tiver gravada na testa (mente) a mentira, deve substituí-la pelo estudo, memorização e prática da verdade.

Vejamos esse contraste no quadro:

Verdadeira Adoração	Falsa Adoração
Adora Pai e Filho	Adora o deus trino
Descanso sabático	Descanso dominical
Adora Deus Pai e Seu Filho unigênito	Venera homens, imagens e esculturas
Tem na fronte escrito o nome do Pai (Apoc. 14:1; Almeida Corrigida Fiel)	Tem na fronte escrito *Mistério* (Mistério da Trindade) Apoc. 17:5

A comparação é muito simples, a ponto de até uma criança poder entender. A escolha da adoração a ser praticada é pessoal e cada um deverá escolher a quem quer servir. Assim como Elias propôs ao povo que eles escolhessem a quem servir, a terceira mensagem angélica é uma mensagem pregada no espírito e poder de Elias, pois define de forma flagrante a diferença entre Deus verdadeiro e os falsos e propõe uma escolha.

Não tem como ficar neutro nessa situação, ou você está de um lado, ou de outro. Não importa a escolha que sua mãe fez, seu pai, seus irmãos de sangue, ou qualquer outro parente, a escolha é pessoal e recairá sobre quem a fez.

Outra comparação de suma importância a ser feita é entre a Lei de Deus, contida nas Escrituras Sagradas (inclusive as Bíblias católicas) e a lei modificada pelo catolicismo, a lei de Deus segundo o catecismo católico. Vejamos:

Lei de Deus original	Lei de Deus adulterada
Fonte: Êxodo 20:1-17; Tradução Brasileira. (*Ver também* Dt 5:6-21)	Fonte: Catecismo do Católico de hoje, 23ª ed., pág.63-64
1. Eu sou o Jeová, teu Deus, que te tirei da terra do Egito, da casa da servidão. Não terás outros deuses diante de mim.	1. Amar a Deus sobre todas as coisas.
2. Não farás para ti imagem de escultura, nem figura alguma do que há em cima no céu, nem em baixo na terra, nem nas águas debaixo da terra. Não as adorarás, nem lhes darás culto, porque eu, Jeová, teu Deus, sou Deus zeloso, que visito a iniquidade dos pais nos filhos, até a terceira e quarta geração daqueles que me aborrecem, e uso de misericórdia até mil gerações daqueles que me amam e guardam os meus mandamentos.	2. Não tomar seu santo nome em vão.
3. Não tomarás o nome de Jeová, teu Deus, em vão, porque o Jeová não terá por inocente o que tomar o seu nome em vão.	3. Guardar os domingos e festas de guarda.

4. Lembra-te do dia de sábado, para o santificar. Seis dias trabalharás, e farás toda a tua obra; mas o sétimo dia é o sábado de Jeová, teu Deus. Nesse dia, não farás obra alguma, nem tu, nem teu filho, nem tua filha, nem teu servo, nem tua serva, nem teu animal, nem o teu estrangeiro que está das tuas portas para dentro; porque em seis dias fez Jeová o céu e a terra, o mar e tudo o que neles há; por isso, Jeová abençoou o dia sétimo e o santificou.	4. Honrar pai e mãe.
5. Honrarás a teu pai e a tua mãe, para que se prolonguem os teus dias na terra que Jeová, teu Deus, te dá.	5. Não matar.
6. Não matarás.	6. Não pecar contra a castidade.
7. Não adulterarás.	7. Não furtar.
8. Não furtarás.	8. Não levantar falso testemunho.
9. Não dirás falso testemunho contra o teu próximo.	9. Não desejar a mulher do próximo.
10. Não cobiçarás a casa do teu próximo, não cobiçarás a mulher do teu próximo, nem o seu servo, nem a sua serva, nem o seu boi, nem o seu jumento, nem coisa alguma que lhe pertença.	10. Não cobiçar as coisas alheias.

Como vimos, a adulteração feita na Lei de Deus foi tamanha, a ponto de excluir o segundo mandamento, que proíbe fabricar e venerar imagens de esculturas. Isso foi feito porque a Igreja Católica é praticante da veneração das ditas "imagens sacras" que visam retratar religiosos que foram canonizados pela igreja, obtendo assim o status de "santos". Para cobrir essa exclusão do segundo mandamento o décimo foi dividido em dois.

Outro mandamento que foi adulterado diz respeito ao dia de guarda. A mudança foi feita do sábado para o domingo. Esse mandamento é o único dos dez que identifica Jeová como o Deus Criador de todas as coisas, trazendo, portanto, a identidade do Deus verdadeiro, Seu selo de autenticidade.

Toda essa alteração na Lei de Deus havia sido profetizada. Vejamos: *"E proferirá palavras contra o Altíssimo, e destruirá os santos do Altíssimo, e cuidará em mudar os tempos e a lei."* Daniel 7:25. Almeida Corrigida Fiel.

Essa mudança foi feita por um poder (chifre) que surgiu do quarto animal da profecia (Roma). Esse "chifre pequeno" o papado, foi um poder que perseguiu e matou muitos cristãos, *"destruiu os santos do Altíssimo"* e mudou a Lei de Deus.

Desse mesmo poder que mudou a Lei de Deus foi dito que *"deitou por terra a verdade; e o que fez prosperou."* Daniel 8:12. De fato o papado obteve notável êxito, consolidando o catolicismo romano como a religião mais poderosa da Terra.

No entanto, mesmo que haja certa prosperidade na prática da desobediência à Lei de Deus: *"Ainda que o pecador faça o mal cem vezes, e os dias se lhe prolonguem, contudo eu sei com certeza que bem sucede aos que temem a Deus, aos que temem diante dele."* Eclesiastes 8:12. Almeida Corrigida Fiel.

Outra forma de Deus selar seu povo é com Sua própria Lei *"Liga o testemunho, sela a lei entre os meus discípulos."* Isaías 8:16 (Jer.

31:33 e Ezeq. 26:36-37). E mais especificamente com o quarto mandamento da Lei, o sábado, como vimos anteriormente (Êxodo 31:13; Ezequiel 20:12 e 20). Por isso foi do intuito do catolicismo romano mudar a Lei de Deus, para instituir sua própria marca de autoridade, em oposição à de Deus.

Porém, quem se submete ao papado, ou à qualquer outro líder religioso, seja ele quem for, e despreza a verdade e a Lei de Deus para prestar obediência a outra lei que não a verdadeira, coloca sua alma em risco, como vimos na advertência da terceira mensagem angélica (Apoc. 14:9-11).

Através de Seu Espírito, Deus quer selar Sua verdade em nós (Ezequiel 26:36-37; 2 Coríntios 1:22 e Efésios 4:30), mas essa é uma escolha nossa, cabe a nós não endurecer nosso coração (Salmo 95:8 e Hebreus 3:7, 8, 13 e 15; 4:7).

Vamos então no último capítulo refletir um pouco mais sobre a importante decisão que cada um deverá fazer quanto a este assunto de grande importância.

Capítulo 12

Decisão final

Diante de tudo que foi escrito até agora creio que não resta dúvidas quanto à adoração que Deus requer de cada um de nós. Deus sempre deixou muito claro desde o início o que Ele queria e quer.

Foi assim com Adão e Eva, com seus filhos Caim e Abel, foi assim com todos os patriarcas: Enoque, Noé, Abraão, Isaque, Jacó, Moisés, enfim, todos aos quais Deus se revelou e ensinou Sua vontade.

No entanto, muitos escolheram o lado errado, e sofreram as consequências de suas más escolhas. Foi assim com Adão e Eva (Gênesis 3:16-24), foi assim com Caim (Gênesis 4:10-12), foi assim com os adoradores do bezerro de ouro perante o monte Sinai (Êxodo 32:7-29), foi assim com muitos outros que já mencionamos anteriormente e muitos que também não citamos.

No entanto, as consequências das boas escolhas também são notórias em seus resultados. Foi assim com Mardoqueu, Ester e seu povo livrados do extermínio nos dias de Assuero (Ester 9), com Mizael, Ananias e Azarias livrados de serem queimados dentro da fornalha (Daniel 3:28) e com Daniel que não foi devorado pelos leões (Daniel 6:22-23).

Mas é sempre que Deus livra seus fiéis adoradores da morte? Não. João Batista foi decapitado (Mateus 14:6-12), Tiago, irmão de João também morreu pela espada (Atos 12:1-2) e muitos outros perderam a vida terrena mas, garantiram a vida eterna por serem fiéis a Deus (João 11:25; 16:1-3; 2 Timóteo 4:6-8; Apocalipse 2:10-11; 20:4-6). A grande questão é:

"E não temais os que matam o corpo e não podem matar a alma;

temei antes aquele que pode fazer perecer no inferno a alma e o corpo."
S. Mateus 10:28.

Não precisamos temer se formos condenados à morte por não querer aceitar a falsa adoração (Apoc. 13:15), pois o mesmo Deus que livrou Daniel da cova dos leões e seus três amigos da fornalha de fogo ardente, também pode nos livrar, se assim Ele quiser. E se Ele não quiser, não precisamos temer os que só podem matar o corpo. Devemos temer Aquele que destrói corpo e alma eternamente (Mat. 10:28; Apoc. 14:11 e 19:19-21).

Quando a besta impor ao mundo por lei seu falso sistema de adoração, a profecia diz que a terra inteira será iluminada com a glória de Deus. Vejamos esse relato:

"E depois destas coisas vi descer do céu outro anjo, que tinha grande poder, e a terra foi iluminada com a sua glória.

"E clamou fortemente com grande voz, dizendo: Caiu, caiu a grande Babilônia, e se tornou morada de demônios, e coito de todo espírito imundo, e coito de toda ave imunda e odiável.

"Porque todas as nações beberam do vinho da ira da sua fornicação, e os reis da terra fornicaram com ela; e os mercadores da terra se enriqueceram com a abundância de suas delícias.

"E ouvi outra voz do céu, que dizia: Sai dela, povo meu, para que não sejas participante dos seus pecados, e para que não incorras nas suas pragas." Apoc. 18:1-4.

Igualmente esse *"outro anjo"* deve ser entendido como outro grupo de mensageiros que anunciarão ao mundo a queda final da grande Babilônia, ou seja, do grande falso sistema de adoração.

O nome *Babilônia* deriva de *Babel*, que por sua vez nos remete à confusão das línguas por ocasião da construção da torre de Babel (Gênesis 11:9). Foi naquela região que futuramente surgiu a grande Babilônia.

Sendo assim, a grande Babilônia que é anunciada como tendo caído no capítulo dezoito de Apocalipse refere-se a um tempo em que todas as religiões que compõem a grande Babilônia estarão envolvidas em uma grande confusão religiosa, desprezando a suprema Lei de Deus e impondo uma falsa adoração.

Por isso na profecia ela aparece se tornando morada de demônios, abrigando em seu interior todo tipo de imundície (Apocalipse 18:2). O apóstolo Paulo, escrevendo sobre ensinamentos de demônios que seriam aceitos por muitos no fim dos tempos, declara que esses ensinos seriam promovidos por homens que proíbem o casamento (1Tim. 4:1-3). Quem são esses senão os sacerdotes católicos?

Por isso uma importante decisão recai sobre aqueles aos quais esse chamado é feito de forma urgente: *"E ouvi outra voz do céu, que dizia: Sai dela, povo meu, para que não sejas participante dos seus pecados, e para que não incorras nas suas pragas."* Apoc. 18:4.

Quais são essas pragas? Elas estão descritas no capítulo dezesseis de Apocalipse.

"Ouvi, vinda do santuário, uma grande voz, dizendo aos sete anjos: Ide e derramai pela terra as sete taças da cólera de Deus. Saiu, pois, o primeiro anjo, e derramou a sua taça pela terra, e, aos homens portadores da marca da besta e adoradores da sua imagem, sobrevieram úlceras malignas e perniciosas." Apocalipse 16:1-2; Almeida Revista e Atualizada.

Como vimos no derramamento da primeira praga, elas atingirão os que possuem a marca da besta e adoram a sua imagem, ou seja, se submeteram ao falso sistema de adoração com o deus trino e o falso dia de guarda, o domingo, que será implantado pelo poder mundial que atuará à semelhança de Roma papal na idade média, usando o poder do estado para punir os dissidentes.

Por isso o chamado: *"Sai dela, povo meu, para que não sejas participante dos seus pecados, e para que não incorras nas suas pragas."* Apocalipse 18:4.

Esse chamado foi feito em vários relatos na Bíblia. Abrão foi chamado a sair da sua terra e de sua parentela (Gênesis 12:1). Ló foi chamado a sair de Sodoma com sua família (Gênesis 19:12-17). Moisés e Arão foram chamados a sair do Egito com todo o povo hebreu (Êxodo 12:31-33). Isaías ordenou a saída do meio do impuros (Isaías 52: 11), Jeremias também deu ordem semelhante (Jeremias 50:8; 51:45) e Paulo reforçou o aviso (2 Coríntios 6:17).

A tríplice mensagem de Apocalipse 14 e o chamado de Apocalipse 18 são os últimos avisos para sair do meio da abominação e do engano. Quem não atender ao clamor para sair das religiões que praticam e promovem a falsa adoração serão atingidos com as pragas (Apoc. 16), serão atormentados com fogo e enxofre (Apoc. 14:9-11) e finalmente sofrerão o dano da segunda morte, a morte eterna (Apoc. 20:5-6 e 14-15).

Esses avisos são para você leitor, em qualquer parte da terra em que esteja. Talvez enquanto você lê essas páginas este falso sistema de adoração já esteja em vigor por meio de decreto. Leis serão instituídas impondo o engano à todos os habitantes da terra como profetizado em Apocalipse 13:15-17. Porém, em Salmos 94:20 nós lemos o seguinte: *"Pode, acaso, associar-te contigo o trono da iniquidade, que forja o mal, tendo uma lei por pretexto?"* Almeida Revista e Atualizada.

Não adianta os líderes políticos e religiosos argumentarem que uma lei impondo o dia de guarda e o sistema de adoração criado por eles é para o bem do povo, que essa não é a verdade. Deus não está associado com isso, mas sim o trono da iniquidade.

O que você vai decidir? Ser um súdito do trono de Deus e do Cordeiro (Apoc. 3:21; 22:1-3)? Ou do trono da iniquidade (Salmo 94:20 e Apocalipse 13:2; 16:10)?

"Trono da iniquidade", *"mistério da iniquidade"* e *"trono da besta"*, são todos termos afins para retratarem o poder unido de religião e estado para impor a transgressão da Lei de Deus, que é iniquidade, pecado (1 João 3:4). Por isso o *"homem do pecado"* é aquele que governa nesse trono (2 Tess 2:3-4) dado a ele pelo dragão (Apoc. 13:2).

Na Bíblia somos informados sobre quem não fará parte do reino de Deus e de Cristo. Veja a seguir: *"Porque bem sabeis isto: que nenhum devasso, ou impuro, ou avarento, o qual é idólatra, tem herança no reino de Cristo e de Deus."* Efésios 5:5.

"Não sabeis que os injustos não hão de herdar o reino de Deus? Não erreis: nem os devassos, nem os idólatras, nem os adúlteros, nem os efeminados, nem os sodomitas, nem os ladrões, nem os avarentos, nem os bêbados, nem os maldizentes, nem os roubadores herdarão o reino de Deus." 1 Coríntios 6:9-10.

"Porque as obras da carne são manifestas, as quais são: adultério, fornicação, impureza, lascívia, idolatria, feitiçaria, inimizades, porfias, emulações, iras, pelejas, dissensões, heresias, invejas, homicídios, bebedices, glutonarias, e coisas semelhantes a estas, acerca das quais vos declaro, como já antes vos disse, que os que cometem tais coisas não herdarão o reino de Deus." Gálatas 5:19-21.

"Mas, quanto aos tímidos, e aos incrédulos, e aos abomináveis, e aos homicidas, e aos que se prostituem, e aos feiticeiros, e aos idólatras e a todos os mentirosos, a sua parte será no lago que arde com fogo e enxofre; o que é a segunda morte." Apocalipse 21:8.

"Bem-aventurados aqueles que guardam os seus mandamentos, para que tenham direito à árvore da vida, e possam entrar na cidade pelas portas. Mas, ficarão de fora os cães e os feiticeiros, e os que se prostituem, e os homicidas, e os idólatras, e qualquer que ama e comete a mentira." Apoc. 22:14-15.

O trono da iniquidade, o trono da besta, não se empenha em condenar todos esses pecados, pelo contrário, ele quer é que todos os pratiquem, pois quem deu o trono à besta foi o próprio Satanás (Apoc. 13:2).

Alega-se que a autoridade papal foi dada por Cristo primeiro a Pedro e depois aos demais papas por sucessão apostólica. Porém, a autoridade e poder do papado foram dados pelo dragão, e não por Cristo, como afirmam, pois Cristo nunca sancionou o pecado. O trono da besta foi, como vimos no texto acima, dado pelo próprio Satanás.

Portanto, a mensagem de Deus é que aqueles que desejam ser seus súditos se arrependam dos seus pecados (Mateus 3:1-2; 4:17; Atos 2:38 e Apoc. 2:5). No entanto, mesmo dando tempo aos pecadores para que se arrependam, muitos não vão se arrepender (Apoc. 2:21).

Apesar de ser intuito do trono da besta lançar a verdade por terra (Daniel 8:12) e alterar a Lei de Deus (Daniel 7:25), *"Foi do agrado de Jeová, por amor da Sua justiça, engrandecer a lei e torna-la gloriosa."* Isaías 42:21; Tradução Brasileira.

Quando a transgressão da Lei de Jeová se tornar generalizada, quando as leis das nações se opuserem diretamente à Lei de Deus, então o clamor do salmista *"Já é tempo de operares, ó Senhor, pois eles têm quebrantado a tua lei."* (Salmos 119:126) será atendido por Deus.

Qual será então tua posição? De que lado estarás nesse cenário? Do lado dos obedientes ou dos transgressores? Do lado do Deus todo-poderoso que está assentado no trono e do Cordeiro, ou do lado da besta e da sua imagem? Optarás por receber o sinal de Deus, o santo sábado, ou a marca da besta, a obrigatoriedade da guarda do domingo? São questões sérias nas quais deves refletir, caro leitor, para que naquele grande dia estejas entre os que dirão: *"Dir-se-á naquele dia: Eis que este é o nosso Deus, por ele temos esperado, e ele nos salvará. Este é Jeová; por ele temos esperado; exultaremos e nos regozijaremos na salvação que ele der."* Isaías 25:9; Trad. Brasileira.

Muitos estarão entre os que dirão:

"E diziam aos montes e aos rochedos: Cai sobre nós, e escondei-nos da face daquele que está sentado sobre o trono, e da ira do Cordeiro, porque é chegado o grande dia da ira deles; e quem pode subsistir?" Apocalipse 6:16; Tradução Brasileira.

Quem hoje não reconhecer e adorar a Deus e ao Cordeiro, quando ambos se manifestarem nas nuvens dos céus desejarão se esconder dEles. Que as ameaças dos maus e a voz da maioria não nos vença nessa guerra.

"E a vós, que sois atribulados, descanso conosco, quando se manifestar o Senhor Jesus desde o céu com os anjos do seu poder, com labareda de fogo, tomando vingança dos que não conhecem a Deus e dos que não obedecem ao evangelho de nosso Senhor Jesus Cristo; os quais, por castigo, padecerão eterna perdição, longe da face do Senhor e da glória do seu poder, quando vier para ser glorificado nos seus santos, e para se fazer admirável naquele dia em todos os que creem (porquanto o nosso testemunho foi crido entre vós).

"Por isso também rogamos sempre por vós, para que o nosso Deus vos faça dignos da sua vocação, e cumpra todo o desejo da sua bondade, e a obra da fé com poder; para que o nome de nosso Senhor Jesus Cristo seja em vós glorificado, e vós nele, segundo a graça de nosso Deus e do Senhor Jesus Cristo." 2 Tess. 1:7-12.

Junte-se àqueles que verdadeiramente são chamados de santos, pois deles é dito: *"Aqui está a paciência dos santos; aqui estão os que guardam os mandamentos de Deus e a fé de Jesus."* Apoc. 14:12; Almeida Revista e Corrigida.

Que nessa batalha entre a verdadeira e a falsa adoração estejas entre os vencedores, são os meus sinceros votos, com a graça de Deus e do Seu Filho unigênito Jesus Cristo. Amém!

Mais informações, estudos e materiais:
www.adventistas-historicos.com

Curta a página do livro no Facebook
www.facebook.com/Adoracao.verdadeiraXfalsa.adoracao/

www.ingramcontent.com/pod-product-compliance
Lightning Source LLC
LaVergne TN
LVHW010632200726
843507LV00011B/1680